Petra Dreyer • Ruth Schillert

König Plus und Rabe Minus

Zahlen, Formen, Mengen – Kinder erwerben spielerisch mathematische Vorläuferfertigkeiten in Kindergarten und Schuleingangsbereich

Ökotopia Verlag, Münster

Impressum

Autorinnen: Petra Dreyer / Ruth Schillert
Illustrationen innen: Mile Penava
Cover-Illustration: Kerstin Heinlein
Satz: Hain-Team, Weimar
ISBN: 978-3-86702-011-4

2 3 4 5 6 7 8 9 • 13 12 11 10 09 08 07

Lehren heißt, ein Feuer entfachen und nicht,
einen leeren Eimer füllen.

Heraklit

Inhalt

Einleitung

Wir stellen uns vor

Ruth Schillert ist heilpädagogische Förderlehrerin an einem sonderpädagogischen Förderzentrum in Bayern. Durch die intensive Arbeit mit Vorschul- und Schulkindern wurde sie auf die besondere Bedeutung einer frühen mathematischen Erziehung und Bildung aufmerksam. Angeleitet durch SonderpädagogInnen entwickelte sie eigene heilpädagogische Arbeitsweisen, die Kindern mit einer besonderen Lernproblematik beim Rechnen einen Zugang zum grundlegenden mathematischen Denken und Handeln eröffnen. Dabei erkannte sie, dass diese Arbeitsweisen auch sehr viel jüngeren Kindern mathematisches Denken zugänglich machen. Ihre gerade im Vorschulalter befindliche Tochter gebrauchte die Lernmaterialien für sich und ihr Spiel. Rasch fand sie mit den selbst gestalteten Materialien die festen Beziehungen zwischen Zahlbegriffen und deren Mengen heraus.

Durch ihre beratende Tätigkeit in den Kindertagesstätten lernte Ruth Schillert **Petra Dreyer,** Erzieherin mit Montessori-Diplom, kennen. Petra Dreyer richtet in ihrer vorschulischen Arbeit den mathematischen Schwerpunkt nach den Gesichtspunkten der Montessori-Erziehung aus. Sie hebt damit ihren eigenen ganzheitlichen mathematischen Bildungsansatz hervor, den sie durch ihre jahrzehntelange Erfahrung in der praktischen Umsetzung geformt und durch zahlreiche Weiterbildungen gefestigt hat.

Gemeinsam entdeckten Petra Dreyer und Ruth Schillert ihre Leidenschaft für das Entwickeln und Umsetzen eigener mathematischer Materialien und Spiele. Durch die Anregungen von KollegInnen, denen sie bei Fortbildungen ihre Arbeit vorstellten, entstand die Idee für dieses Buch.

Mathematik im Kindergarten?!

„Jetzt auch noch Mathematik im Kindergarten?!" Diese erste Reaktion von KollegInnen erfahren wir immer wieder in unseren Fortbildungen. Bedenken, dass der Kindergarten immer mehr verschult wird, aber auch, dass die Anforderungen an das pädagogische Fachpersonal immer umfangreicher werden, sind durchaus verständlich. Wir möchten dagegen mit unserem Buch Mut machen, den **Lernbereich Mathematik spielerisch** in den Kindergartenalltag zu **integrieren**.

Da in der schulischen Bildung das abstrakte, wenig anschauliche Bilden von Kindern vorrangig ist, erscheinen uns schulische Bildungsangebote wie der Lernbereich Mathematik in einem schlechten Licht. Nicht selten sind die Skeptiker gegenüber einer mathematischen Bildung im Vorschulalter von negativen persönlichen schulischen Erfahrungen geprägt. Der auch heute teilweise noch übliche Frontalunterricht, der kein ganzheitliches Lernen ermöglicht, und zu große Klassen, die ein individuelles Eingehen auf die Stärken und Schwächen der Kinder erschweren, verhindern ein positives Lernklima, das den Kindern erfolgreiches Lernen ermöglicht. Insofern erscheint der Wunsch nach einer „mathefreien Vorschulzeit" verständlich.

In den letzten Jahren aber hat sich der Blick auf das, was Kindertageseinrichtungen leisten sollen, verändert. Mit dem Anspruch, Kinder im Vorschulalter nicht allein zu betreuen, sondern im Rahmen einer ganzheitlichen Erziehung zu bilden und individuell zu fördern, wächst auch das Interesse an Bildungsinhalten, die bisher mehr den schulischen Lernbereichen zugeordnet wurden. Defizite in der Grundschule sollen frühzeitig erkannt und die Kinder entsprechend gefördert werden.

Neueste Studien haben ergeben, dass bis zu 8 % aller Kinder unter ***Dyskalkulie****, auch „Rechenschwäche" genannt, leiden. Darunter wird eine Teilleistungsschwäche im mathematischen Bereich verstanden. Da sie im Gegensatz zur Legasthenie noch nicht die entsprechende Aufmerksamkeit findet, wird Dyskalkulie oftmals erst in der Schule diagnostiziert. Hier entwickeln die in der Regel intelligenten Kinder Strategien, um von ihren mangelnden Fähigkeiten abzulenken. Sie lernen mathematische Regeln auswendig und rechnen unter der Bank mithilfe ihrer Finger. Werden die Aufgaben komplexer, funktioniert diese Strategie nicht mehr. Deshalb ist es wichtig, schon im Vorschulalter Hinweise auf eine mögliche Dyskalkulie wahrzunehmen.*
Ein erstes Anzeichen kann z. B. mangelnde Körperwahrnehmung sein. Denn nur wer sich selbst spürt, kann auch den Raum außerhalb seines Körpers erfahren. Diese Kinder haben Probleme, ihre eigenen Körpergrenzen bewusst zu erkennen, verwechseln oben und unten, links und rechts. Als mögliche Ursachen werden Entwicklungsstörungen im Gehirn, Wahrnehmungsstörungen, Lernblockaden aufgrund psychischer Probleme oder auch das Fehlen geistiger Anregung im frühen Kindesalter vermutet.

Unsere Aufgabe als PädagogInnen ist es, Kindern eine wichtige Starthilfe zu geben, ohne die viele von ihnen im ersten Schuljahr hilflos der Lösung mathematischer Problemstellungen gegenüberstehen würden. Nicht alle Kinder kommen durch die Unterstützung ihrer Eltern in den Genuss der Vermittlung von Bildungsinhalten. Mathematische Basiskompetenzen sollten aber allen Kindern, unabhängig von ihren familiären Voraussetzungen, zugänglich gemacht und damit gleiche Lernvoraussetzungen geschaffen werden. Bei etwa einem Drittel der Kinder muss aus diesem Grund gezielt ein mathematisches Interesse geweckt und grundlegende mathematische Inhalte zugänglich gemacht werden, um ihnen gleiche Bildungschancen zu ermöglichen. Hier gilt: Wer nichts tut, überfordert, weil er nicht vorbereitet.

Inwiefern sind aber Kinder im Vorschulalter geistig überhaupt schon in der Lage, sich mit Mathematik zu beschäftigen?
In der Zeit vor der Einschulung besitzen Kinder ein besonders großes Interesse und eine **große Aufnahmebereitschaft**, um sich Lerninhalte anzueignen und Denkprozesse in Gang zu setzen. Im Vorschulalter wird bereits ein großer Teil der Gehirnzellen miteinander verknüpft und diese Verknüpfungen durch Üben gefestigt. Indem wir das Lernfeld spielerisch gestalten und ausreichend Raum für Eigenaktivitäten lassen, unterstützen wir die Selbstbildungsprozesse der Kinder. Wenn wir uns vor Augen halten, dass wir 90 % unseres Wissens durch das eigene Tun unter Einbeziehung aller Sinne im Gehirn speichern, aber durch das Hören lediglich 20 % im Gehirn wieder abrufen können, erkennen wir die Wichtigkeit des ganzheitlichen Lernens. Je mehr Sinne gleichzeitig angesprochen werden, umso besser gelingt die Abspeicherung im Gehirn.

Gerade deshalb ist es wichtig, Kindern ein entsprechendes Lernumfeld zu schaffen, das ausreichend Raum für Eigenaktivitäten lässt und sie spielerisch zum Selbsttätigwerden anregt. Hier kommt uns die natürliche Neugierde und Wissbegierde der Kinder zu Hilfe. Es macht Kindern sehr viel mehr Spaß, den Dingen selbst auf den Grund zu gehen, als das Denken eines Erwachsenen nachzuvollziehen. Wir müssen ihnen eine **ganzheitliche Erlebniswelt** schaffen, in der sie sich in ihrer ganzen Person als körperliche, geistige und seelische Einheit wieder finden. Dies geschieht immer mit anschaulichen Materialien und Spie-

len. Es berücksichtigt das „Be-greifen“, das dem Verstehen vorausgeht. Durch dieses Begreifen auf der Handlungsebene verhelfen wir Kindern zu einem grundlegenden mathematischen Verständnis, ohne sie zu überfordern. Sie können gemäß ihren individuellen Begabungen mit den mathematischen Inhalten spielend lernen und ihrem Entwicklungsdrang folgen.
Die Motivation der Lernbereitschaft wird durch den Erfolg und die Anerkennung von außen gefördert. Indem wir den Kindern deutlich machen, dass Fehler kein negativer Bestandteil des Lernens sind, sondern nützliche Helfer, die uns motivieren, werden Handeln, Gefühle und Kenntnisse im ganzheitlichen Lernen miteinander verknüpft.

Wie aber kann eine ganzheitliche Erlebniswelt aussehen, die mathematische Basiskompetenzen vermittelt, ohne den Kindergarten zu verschulen?
Es gibt vielfältige Möglichkeiten, mathematische Vorläuferfertigkeiten, also die Grundlagen für mathematisches Denken, im pädagogischen Alltag ohne großen Aufwand einzuüben, denn: Wir sind in unserem Alltag ständig von mathematischen Elementen umgeben! **Immer wenn Kinder sortieren, schätzen, zählen, unterscheiden, beurteilen, analysieren, planen, strukturieren oder sich orientieren, handeln sie mathematisch.** Sie zählen im Morgenkreis wie viele Kinder da sind: *Heute sind wir 18 Kinder, Luca und Nadja fehlen.* Sie erkennen geometrische Grundformen in Alltagsgegenständen wieder: *Schau mal, der Spiegel sieht aus wie ein Kreis.* Und sie erledigen kleine Aufgaben: *Hol mir doch bitte drei Eier aus dem Kühlschrank.* Es entspricht der natürlichen Entwicklung der Kinder und ihrem Interesse an mathematischen Aufgabenstellungen zu zählen, die Beziehung von Zahlen zu Mengen zu erfassen, Formen zu begreifen, die Gestalt der Umgebung zu entdecken und sie selbst zu formen. Kinder haben ein Bedürfnis nach mathematischen Strukturen, sie binden sie in Rituale ein, erweitern und verändern sie in ihren Spielen.
Mathematische Kompetenzen beinhalten grundlegende lebenspraktische Fähigkeiten und sind nicht allein auf das Erlernen des Zahlenraums begrenzt. So lernen Kinder Handlungsschritte nachzuvollziehen und Abläufe zu planen. Sie lernen Probleme zu lösen, selbstständige Entscheidungen zu treffen sowie sich zeitlich und räumlich zu orientieren: *Bevor ich frühstücken kann, muss ich mir erst einen Teller und eine Tasse holen, und wenn ich Hilfe beim Eingießen von Tee brauche, frage ich Katja. Oh, es hat geklingelt: Die Frühstückszeit ist gleich zu Ende.*
Die Beispiele machen deutlich, wie vielfältig die Anlässe im konkreten pädagogischen Alltag sind, um anschaulich und kindgerecht mathematisches Denken zu fördern. **Die Beschäftigung mit Mathematik muss also nicht zur Verschulung der Einrichtung beitragen, sondern ist im Gegenteil bereits Teil des Alltags** – es gilt nur, die Gelegenheiten bewusst zu nutzen.

In diesem Buch beschreiben wir mit einem Teil der Kapitel **Vorläuferfertigkeiten** wie „Raum-Lage-Wahrnehmung“ oder „Form- und Mengenkonstanz“, aus denen sich mathematisches Denken und Handeln entwickelt. Dazu stellen wir vielfältige Spiele und Lernangebote vor, die Mathematik im Kindergarten als Bildungsangebot aufgreifen. Mathematische Spiele üben immer auf mehreren Ebenen gleichzeitig unterschiedliche mathematische Vorläuferfertigkeiten. Zum Beispiel beinhalten die meisten Spiele die Vorläuferfertigkeit des Zählens, der Mengenerfassung, den Mengenvergleich und damit auch die Vorläuferfertigkeit der „Klassifikation“ und „Seriation“. Um den Schwerpunkt des jeweiligen Kapitels zu erfassen, ermöglicht neben den Einleitungen jeweils ein einführendes Beobachtungsspiel eine klare Orientierung (➜ auch S. 15f.).

Mit einem anderen Teil der Kapitel führen wir die **Zahlen und Mengen von eins bis zehn** mit Geschichten und Spielen ein, weil diese für das mathematische Verständnis der Kinder wesentlich sind und die Beschäftigung damit gleichzeitig eine wichtige Schulvorbereitung darstellt.
Wir möchten motivieren und unterstützen, mathematische Bildungsinhalte intensiv in die tägliche Erziehungsarbeit einzubeziehen. Der ganzheitliche handlungsbezogene Charakter aller Spiele bereitet Kinder darauf vor, erste abstrakte Denkschemata zu entwickeln, wenn sie Zahlen und Mengen in Beziehung setzen. Einige Grundlagenmaterialien und Spiele sind in Form von **Kopiervorlagen** in der täglichen Arbeit direkt einsetzbar. Das gesamte Material ist so konzipiert, das die Kinder nach einer kurzen Einführung selbstständig damit arbeiten können und spielerisch lernen, differenzierte Aufgabenstellungen zu lösen.
Es ist eine Freude, sie dabei zu beobachten, wie sie mit unserer Unterstützung eigenes Denken und Handeln entwickeln, mit dem sie erste mathematische Verknüpfungen erkennen und deren Knoten lösen können.

Mathematisches Denken von Anfang an

In den ersten Lebensjahren ist Mathematik nicht mit einer vereinfachten Version der Mathematik gleichzusetzen, die Kinder später in der Schule erlernen. Vielmehr erwerben Kinder durch die spontanen Anreize ihrer Umgebung und durch gezielte mathematische Bildungsangebote grundlegende Konzepte, die ihnen als Schlüssel zum Verstehen von formalen und abstrakten Ideen dienen.
Damit Kinder später **Flexibilität beim Umgang mit Zahlen** entwickeln können, müssen sie deren Nutzen und Wirkungsweise in ihrem Lebensalltag erfahren und wieder finden. Zunächst ist alles eins, eng verwoben mit der eigenen kleinen Person. Schon bald können Kinder den Begriff „eins" bilden und wissen um seine Bedeutung. Mit der Forderung nach „noch eins" bilden Kinder den Begriff für „zwei". Sie erfahren über ihren Körper, dass sie zwei Hände, zwei Füße, zwei Ohren und zwei Augen haben. Diese Erfahrungen sind eng verknüpft mit dem Ich und Du in der Beziehung zu seiner festen Bezugsperson.
Schon mit zwei Jahren können Kinder über die Menge von zwei hinaus den Begriff „viele" bilden. Mit drei Jahren wissen Kinder mitunter schon sicher, wie viele Finger sie zeigen müssen, wenn sie nach dem Alter gefragt werden. Nicht immer kennen Kinder dabei schon den Begriff der Zahl „Drei" und können diesem eine Menge zuordnen. Sie lernen die Zahlwörter in einer festen Reihenfolge benennen, wie eine magische Formel.
Die Bedeutung der Zahlwörter lernen Kinder mit viereinhalb Jahren zu erfassen, wenn sie beim Zählen Dinge ordnen. Mit diesem gelernten Zählschema zählen Kinder im Alter von fünfeinhalb Jahren z. B. die eigenen Geburtstagskerzen sowie die der anderen Kinder und können den Sinn einfacher Fingerreime erfassen. Sie erkennen nun, dass sie jedes Objekt einmal zählen müssen, um mit der letzten Zahl die Anzahl der Objekte benennen zu können. Sie lernen strukturierte Mengenbilder zu verwenden und damit abkürzend zu zählen. Sie übernehmen sicher kleine Aufträge und lösen dabei einfache Operationen durch Zählen, wenn wir sie z. B. auffordern: *„Bring mir so viele Löffel wie Kinder am Tisch sitzen!"*

Mathematik ordnet und systematisiert die dingliche Umwelt. Mit ihr ordnen und zählen Kinder die Anzahl der Dinge, die sie besitzen, und manche Kinder schreiben ihre Ergebnisse auch gerne auf. Sie tun dies in einfachen Zeichnungen oder schon komplexer mit Worten und Zahlen. Dabei erkennen Kinder einfache Gesetzmäßigkeiten der Mathematik und denken über Verhältnismäßigkeiten nach: *Hat Tim mehr Legosteine als Lara aus dem Baukasten genommen oder haben beide gleich viele Bausteine zur Verfügung?*
Auch durch die Beobachtung unserer Tätigkeiten werden Kinder mit mathematischem Wissen konfrontiert. Denn mithilfe der Mathematik strukturieren wir unseren Tagesablauf und teilen uns die Zeit ein. Kinder lernen durch immer wiederkehrende Tätigkeiten Gesetzmäßigkeiten wieder zu erkennen und zu übertragen: *Es gibt Kindergartentage und Tage, an denen kein Kindergarten ist. Am Montag ist im Kindergarten Turnen, das macht mir Spaß. Am Dienstag ist im Kindergarten Mitbringtag, da dürfen wir unsere Spielsachen mitbringen.*

Um derlei Überlegungen anstellen zu können, benötigen Kinder gut entwickelte **sprachliche Grundlagen als Vorläuferfertigkeiten mathematischer Fähigkeiten.** Beim handelnden Lösen von Problemen gleich welcher Art lernen Kinder ihre Überlegungen und Erkenntnisse in Worte zu fassen. Sie beschreiben die Sachverhalte bei einfachen Zuordnungsaufgaben und

vertiefen ihr Zählschema: *Wir sind zusammen eins, zwei, drei, vier, fünf, sechs Kinder am Tisch.* Sie erarbeiten sich Lösungsansätze: *Jedes Kind benötigt eine Schere.* Ein Kind zählt sechs Scheren ab und ordnet beim Abzählen den Kindern am Tisch die Scheren zu: *Eins, zwei, drei, vier, fünf, sechs.*
Immer zwei Kinder teilen sich einen Kleber. Ein Kind verteilt die Klebestifte an die sechs Kinder und zählt dabei: *Eins, zwei.* Es ordnet den abgezählten Kindern jeweils einen Klebestift zu. So wird deutlich, dass diese einfachen mathematischen Handlungen bei Kindern eng mit ihrer sprachlichen Ausdruckfähigkeit und Entwicklung verknüpft sind. Insofern fördern bekannte Sprachspiele wie z. B. „Ich sehe was, dass du nicht siehst" gleichzeitig auch mathematische Vorläuferfertigkeiten und sollten deshalb verstärkt unterstützend eingesetzt werden.
Für Kinder ist ihre Sprache ein Mittel zur Selbststeuerung. Beim Lösen für sie „kniffliger" Aufgaben, z. B. beim Legen eines großen Puzzles, können wir Kinder beim lauten Denken beobachten: *Dieses Teil hat zwei gerade Seiten, es ist eine Ecke und gehört hier oben in diese Ecke hin.* Mit derlei Selbstgesprächen bestimmen Kinder die Richtung ihres Handelns. Die doppelte Aufgabe zu sprechen und zu handeln, das so genannte handlungsbegleitende Sprechen, ist für Kinder eine wichtige Vorläuferfertigkeit, um später mathematische Arbeitsschritte beim Lösen von einfachen Plus- und Minusaufgaben nachvollziehen zu können: *Zuerst sind wir vier Kinder, dann kommen noch zwei Kinder dazu, zuletzt sind wir sechs Kinder. Zuerst waren es fünf Gummibärchen, dann habe ich zwei gegessen, zuletzt sind es noch drei Gummibärchen.*

Über die taktilen Erfahrungen mit dem eigenen Körper entwickeln Kinder wichtige Begriffe, die sie für die Verarbeitung von Informationen anderer Wahrnehmungsbereiche benötigen. Sie erlangen die Fähigkeit, sich selbst als eine ganze Person mit verschiedenen Körperteilen wahrzunehmen. Sie lernen über ihre **Körperwahrnehmung** rechts und links voneinander zu unterscheiden. Sie fühlen: Links ist da, wo ich mein Herz klopfen spüre. Über ihre sinnliche Wahrnehmung machen sie Erfahrungen über die Eigenschaften von Dingen, welche sie zur Bildung von Ordnungskategorien im Bereich der „Klassifikation" (➜ S. 67 ff.) benötigen. Sie erkennen, dass bestimmte Dinge nur einmal vorhanden sind und sie durch Einzelheiten voneinander unterscheidbar werden. Kinder spüren, dass sie so wie sie sind, einmalig und etwas Besonderes sind. Schon sehr früh beginnen Kinder mit ihren Händen zu „begreifen" und durch die dargebotenen Materialien mathematische Grundsätze und Verhältnismäßigkeiten zu „erfassen". Sie erfahren z. B. durch das Abtasten verschiedener geometrischer Körper ihre unterschiedlichen Formen und erfahren durch eigenes Ausprobieren, dass zwei Quadrate aneinander gelegt ein Rechteck ergeben.
Kinder mit einer gestörten Körperwahrnehmung neigen zu schnellen, flüchtigen Bewegungen. Sie arbeiten häufig voreilig, planlos und haben Probleme in der differenzierten Wahrnehmung und Verarbeitung von Informationen. Mit Spielmöglichkeiten zur Körperwahrnehmung können diese Kinder in der Gruppe differenziert gefördert werden. Zudem ist ein beratendes Gespräch für die Eltern dieser Kinder notwendig und der Hinweis, therapeutische Hilfen zur sensorischen Integration, z. B. in Form von Ergotherapie, in Anspruch zu nehmen.

Die Körperwahrnehmung beinhaltet die **taktilen, akustischen und visuellen Sinneswahrnehmungen**. Unsere Sinne funktionieren nicht getrennt voneinander, sie stehen in enger Verbindung und ergänzen sich. So werden mithilfe aller Sinne die Vorraussetzung für das kognitive Verarbeiten geschaffen. Sind Kinder nicht in der Lage, gestellte Aufgaben oder kleine Aufträge auszuführen, liegt es oft an einer gestörten Wahrnehmung. Spiele zur taktilen, visuellen und akustischen Wahrnehmung können auch hier wiederum als Bausteine des mathematischen Lernens angesehen werden. Wenn Kinder Gegenstände durch Tasten benennen, Memory spielen oder mit Geräuschdosen Paare bilden, üben sie aufmerksames Verhalten und wichtige mathematische Vorläuferfertigkeiten ein. Dabei nehmen Kinder ihre sensorischen Erfahrungen differenziert wahr und verarbeiten diese kognitiv. Fingerspiele regen das Sprachzentrum an und trainieren die Merkfähigkeit der Kinder, denn in ihrem Gehirn liegen die dafür zuständigen Bereiche nah beieinander. Beim Spiel der Finger und Hände werden der Tastsinn und die Tiefenwahrnehmung der Kinder angeregt.

Die erste Stufe zum erfolgreichen Lernen ist die **Aufmerksamkeit**. Kinder müssen lernen bewusst aufmerksam zu werden, um sich mathematisches Wissen anzueignen. Erst die Aufmerksamkeit ermöglicht es, die Wahrnehmungen zu registrieren und sie mit den schon abgespeicherten Informationen im Gehirn zu verbinden. Schon früh regelt eine zentrale Instanz im kindlichen Denken, was in welcher Reihenfolge und mit welchem Ziel getan wird. Dieser Vorgang, den wir **Handlungsplanung** nennen, ist eng mit der Aufmerksamkeitssteuerung verbunden und eine wichtige mathematische Vorläuferfertigkeit im weiteren Sinne.

Wie viel mathematisches Wissen sich Kinder aneignen und merken, ist also abhängig von ihrer Aufmerksamkeit und Handlungsplanung beim Zählen, bei dem Kinder eine strukturierte Zählweise, ein Zählschema erlernen. Sie müssen sehen, wo sie beim Zählen einer ungeordneten Menge beginnen, und wissen, in welcher Reihenfolge die Zahlen zu benennen sind. Dabei müssen sie die Fragestellung: *Wie viele sind es?* im Gedächtnis behalten. Kinder, die beim Zählen unaufmerksam sind, sich ablenken lassen und wegsehen, verzählen sich leicht. Ebenso ergeht es Kindern, deren Handlungsablauf ungeplant ist, da diese nicht wissen, wie sie die Elemente beim Zählen ordnen können. Wenn Kinder keine Handlungsplanung beim Zählen haben, beginnen sie mit dem Zählen bei einem beliebigen Element in einer Menge und verlieren leicht die Übersicht der bereits gezählten Dinge. Sie zählen Elemente doppelt oder überspringen ein Element.

Mit den Begriffen „zuerst", „dann", „zuletzt" lernen Kinder einfache Abläufe zu strukturieren: ***Zuerst*** *lege ich alle Zählsteine in eine Reihe,* ***dann*** *beginne ich auf der linken Seite der Reihe und zähle von links nach rechts, bis ich zehn Zählsteine abgezählt habe.* ***Zuletzt*** *lege ich mit den übrigen Steinen eine zweite Reihe darunter und zähle von der Zehn an weiter.* Die Begriffe „zuerst", „dann", „zuletzt" bringen Arbeitsschritte in eine Reihenfolge und helfen den Kindern beim Arbeiten ihre Impulse zu steuern. Zudem können sie mit diesen Begriffen einfache Rechengeschichten nachvollziehen: *Zuerst hatte ich drei Autos, dann hat Sarah mir noch zwei Autos gegeben, zuletzt sind es fünf Autos, mit denen ich spielen kann.*

Damit Kinder ihre Handlungsschritte besser im Gedächtnis behalten, haben wir Memobilder mit einfachen Merksätzen entwickelt, die wir mit der folgenden Aktion einführen.

Lernen mit dem Räuber Archimedes

Die Geschichte und die Merkbilder vom Räuberplan setzen wichtige Handlungsschritte der „Aufmerksamkeitssteuerung" und der „Handlungsplanung" für Kinder nachvollziehbar um.

Alter: 4–8 Jahre

Vorbereitung
Die Bilder auf S. 14 werden jeweils auf DIN A4 vergrößert kopiert. Entsprechend der folgenden Geschichte werden die Bilder geordnet bereitgelegt.

Archimedes und der Räuberplan

Archimedes ist ein Räuberjunge. Er will, wenn er erst mal richtig groß ist, ein richtiger Räuber werden wie sein Vater. Ein richtig guter Räuber ist, wer für sich und für die Räuberbande einen guten Plan machen kann, sagt sein Vater immer, wenn er gerade eine neue Räuberei ausheckt.
*Das klappt am besten, wenn sich der Räuber erst einmal **beruhigt** – der Trick: Einmal durchschnaufen und langsam bis zehn zählen: Eins, zwei, drei, vier, fünf, sechs, sieben, acht, neun, zehn! Das klappt immer!*
*Ein richtig guter Räuber kann erstdann **genau hinhören,** was ihm die Räuber in seiner Räuberbande erzählen, das ist wichtig. Er muss auf seine innere Stimme hören, die sagt, was richtig oder was falsch ist, ob etwas gut überlegt ist und der Plan in die Tat umgesetzt werden kann!*
*Ein Räuber muss auch **genau hinsehen,** was die anderen Räuber in der Räuberbande tun. Er kann viel von seinen Kameraden lernen, wenn er ihnen bei der Arbeit zuschaut!*
*Ein ruhiger Räuber hört genau hin und sieht genau, was vor sich geht. Und dann **denkt** er **nach** und **überlegt**, was zu tun ist!*
*Ein kluger Räuber brüllt nicht einfach seine Ideen in die Räuberhöhle, sondern **meldet sich ruhig**, wenn er einen Einfall hat. So hören ihm alle anderen aufmerksam zu und es reden nicht alle durcheinander.*
*Ein guter Räuber **überprüft** seine Idee! Wenn andere Räuber die gleiche Idee haben, kann er **zufrieden** sein und freut sich, mit so vielen schlauen Räubern in einer Räuberbande zu sein! Hat er einen ganz anderen Plan, erzählt er den übrigen Räubern davon. Dann denken alle noch einmal nach und stimmen am Ende ab, welcher Plan durchgeführt werden soll!*

Ich bin ruhig.

Ich höre genau hin.

Ich sehe genau hin.

Ich denke nach.

Ich melde mich.

Ich über-prüfe, was ich denke.

Ich bin zufrieden mit mir.

Die Spielleitung erzählt den Kindern die Geschichte und legt ihnen die entsprechenden Bilder vor. Zu jedem Bild gibt es einen Merksatz, den so genannten „Memosatz“.
Diese Bilder werden an einer Wand aufgehängt und sind beim Bearbeiten von mathematischen Aufgabenstellungen für die Kinder eine sichtbare Erinnerungshilfe. Sie üben die Handlungsschritte für das Lernen. Während ein Kind einen Handlungsschritt tut, wird der Memosatz von der Spielleitung kurz dazu benannt. Er bleibt dem Kind im Gedächtnis und hilft ihm bei seiner Handlungsplanung. Es lernt Arbeitsschritte selbstständig zu planen und einzuteilen. Die Räuberbilder und Memosätze helfen z. B. beim Bearbeiten von mathematischen Fragestellungen, um gemeinsame Lösungsvorschläge zu erarbeiten.

Das **Zusammenspiel aller mathematischen Vorläuferfertigkeiten** ist die Vorraussetzung dafür, dass mathematisches Lernen gelingt. Wir möchten das Bewusstsein dafür schärfen, wie wichtig Bewegungs- und Gedächtnisspiele, Sprach- und Sortierspiele, Körperwahrnehmungs- und Fingerspiele auch für die Entwicklung des mathematischen Denkens sind. Wenn darüber hinaus die zahlreichen Möglichkeiten genutzt werden, die sich wie nebenbei im pädagogischen Alltag ergeben, mit Zahlen, Formen und Mengen erste Erfahrungen zu machen, sind wichtige Grundsteine gelegt.
Daran knüpfen wir mit unseren Spielen, Geschichten und Aktionen an, die gezielt mathematisches Denken fördern und gleichzeitig erfahrbar machen, wie begeisternd und spannend Mathe in Kindergarten und Anfangsunterricht sein kann!

Beobachten – dokumentieren – fördern

An den Anfang jedes Kapitels zu einer mathematischen Vorläuferfertigkeit haben wir einleitend ein **Beobachtungsspiel** gestellt, das mit einem Lupensymbol gekennzeichnet ist. Diese Beobachtungsspiele veranschaulichen nicht nur den jeweiligen Förderschwerpunkt eines Kapitels, sondern geben vor allem Hinweise zur Lernausgangslage der Kinder. Wird ein Beobachtungsspiel zu Beginn der Beschäftigung mit einer Vorläuferfertigkeit mit einem Kind durchgeführt, erhält die Spielleitung einen Eindruck von dessen Arbeitsweise und seinem Entwicklungsstand: Kann es die Aufgabe bereits zügig allein erledigen? Braucht es Unterstützung oder mehr Zeit? Greift es auf Hilfsmittel zurück (z. B. an den Fingern abzählen)? Falls eine Aufgabe schlecht oder gar nicht bewältigt wurde, bieten die folgenden Spiele des entsprechenden Kapitels direkt Anregungen für Förderangebote in der Gruppe.

Wir empfehlen, für jedes Kind, das beobachtet wird, ein Blatt anzulegen, auf dem das Datum und eine kurze Beschreibung der Förderschwerpunkte und Aufgabenbewältigung vermerkt werden.
Da immer mehr Bundesländer in ihren Bildungsplänen für Kindertageseinrichtungen Dokumentationen über Entwicklungsstand und Fördermaßnahmen der einzelnen Kinder verlangen, werden in etlichen Einrichtungen Beobachtungsmappen für jedes Kind angelegt, um den **Entwicklungsverlauf** zu **dokumentieren**. Arbeiten Sie bereits mit Beobachtungsmappen, heften Sie das Blatt einfach dazu. Ansonsten legen Sie eine gemeinsame Mappe für alle überprüften Kinder an, in der Sie die Blätter sammeln.

Es ist sinnvoll, die Überprüfung nach zwei bis drei Monaten zu wiederholen, um Entwicklungsschritte der einzelnen Kinder dokumentieren zu können. Die Beobachtungen können darüber hinaus in Beziehung zu der altersgemäßen Entwicklung im Vergleich zu anderen Kindern der gleichen Altersgruppe gesetzt werden. So wird schnell deutlich, wann sich ein Kind nicht altersgerecht entwickelt und besonderen Förderbedarf zeigt.

Bei Problemen, die über unsere **Fördermöglichkeiten** hinausgehen, d.h. wenn keine Entwicklungsfortschritte zu erkennen sind und/oder große Unterschiede zur Altersgruppe, kann ein Kinderarzt oder eine Kinderärztin, die Frühförderstelle, die mobile sonderpädagogische Hilfe eines Förderzentrums oder ein entsprechender Therapeut oder eine Therapeutin eine differenzierte Diagnose erstellen, z.B. mit dem „Osnabrücker Test zur Zahlentwicklung", und therapeutische Hilfen in die Wege leiten. Ihre kompetente Beratung auf der Grundlage der Beobachtungen und Dokumentationen unterstützt die Eltern, geeignete Hilfen in Anspruch zu nehmen und so die optimale Förderung für ihr Kind zu erreichen.

Wir laden Sie mit diesem Buch ein, sich gemeinsam mit den Kindern auf den Weg zu machen, mit Lust und Freude die Mathematik zu entdecken. Unsere Spiele geben Anregungen zur sinnvollen Ergänzung und Vertiefung, lassen aber gleichzeitig genügend Spielraum zur Entwicklung von eigenen Ideen – nur Mut! Wir wünschen Ihnen viel Spaß und jede Menge neue Impulse beim Ausprobieren!

Petra Dreyer
Ruth Schillert

Der Zahlenraum von eins bis zehn

Für das mathematische Verständnis der Kinder ist die Einführung der Zahlen und Mengen von eins bis zehn wesentlich und eine wichtige Voraussetzung zur Schulvorbereitung. In diesem Kapitel werden hierzu **bewährte Grundlagenmaterialien und Spiele für den Zahlenraum von eins bis zehn** vorgestellt. Diese Materialien und Spiele unterstützen anschaulich das systematische Zählen, mit dem Kinder ihr Zählschema entwickeln.

Um die Anfertigung der Materialien zu erleichtern, stellen wir einige **Kopiervorlagen** zur Verfügung. Zur Anschauung für die gesamte Gruppe hat sich das Format DIN A5 als einzelne Bildkartengröße bewährt. Wir raten, zusätzlich kleinere Bildkarten in halber (DIN A8) oder ganzer Spielkartengröße (DIN A7) anzufertigen. Diese kleineren Kartensätze eignen sich besser zum Einzel- oder Partnerspiel am Tisch. Wir empfehlen die Materialien zu **laminieren**, um sie haltbarer zu machen. Die hierzu notwendigen Folien und das Laminiergerät werden beim Material *nicht* mit aufgeführt! Zur **Aufbewahrung** der Materialien haben sich leere Kunststoff-Schachteln, Gefrierbeutel mit Zipp-Verschluss, leere transparente Konfekt- oder Keksdosen bewährt. Manche Materialen lassen sich gut mit extra breiten Haushaltsgummis bündeln.

In diesem Kapitel finden sich zudem zur Einführung und zum Gebrauch der Materialien Spielformen, die sich als Varianten für viele Spiele in anderen Kapiteln eignen und dort aufgegriffen werden. Einige der Kopiervorlagen sind zum **Ausmalen** für die Kinder erstellt worden. Das Ausmalen übt die mathematische Vorläuferfertigkeit der Raum-Lage-Wahrnehmung (→ S. 37ff.) und auch die Formkonstanz (→ S. 50ff.). Beim Ausmalen lernen die Kinder auf Begrenzungen zu achten und sich auf ein Detail zu konzentrieren. Dies ist grundlegend für das mathematische Lernen und anwendbar bei der leserlichen und übersichtlichen Beschriftung von Rechenkästchen mit Zahlen und Zeichen.
Alle Grundlagenmaterialien sind für die **Altersgruppe von 4–8 Jahren** geeignet.

Zahlen-Zauberschachteln

Die Zahlen-Zauberschachteln sind als Anschauungsobjekte für die Einführung der Zahlen, Mengen und deren Symbole erdacht. Darin bewahren wir die Grundlagenmaterialien zur jeweiligen Zahl auf. Diese setzen sich für jede Zahl aus den folgenden Elementen zusammen:

- *Fingerbild*
- *Zählstreifen*
- *Ziffernbild mit Schreibewegungsablauf*
- *Zahlenkarte*
- *Kunststoff-Schachtel mit Zählsteinen*
- *gefülltes Fühlsäckchen*
- *Zahlenschablone*
- *plastische Ziffer*
- *Wellpappeziffer*

Alle Materialien werden in diesem Kapitel hergestellt und in den einzelnen Zahlenkapiteln in einem spielerischen Ritual eingeführt. Die Zauberschachteln bieten zusätzlich Platz für bestimmte Spielfiguren und im Handel erhältliche Spiele, mit denen sich die Materialien in den Schachteln im Verlauf der Zeit bei Bedarf ergänzen lassen.

Material: große Rolle selbst klebende, farbige Glitzerfolie, schwarzer wasserfester Folienstift, einzelne Zahlenschablonen von 0–10 (→ S. 23), Schere, 11 gleich große Faltschachteln (ca. 22 × 14 × 30 cm); evtl. 1 Faltschachtel pro Kind

Vorbereitung

Die Spielleitung zeichnet jeweils in zweifacher Ausführung mit den Zahlenschablonen die Ziffern von null bis zehn auf die Glitzerfolie und schneidet die Zahlen einzeln aus.

Spielablauf

Die Kinder sitzen im Halbkreis vor der Spielleitung, die die Faltschachtelvorlagen auf einem Stapel vor sich bereit liegen hat. Entsprechend der Gebrauchsanweisung der Schachteln faltet sie diese mit den Kindern zusammen.
Die Kinder zählen zusammen die Schachteln und stellen fest: Es sind elf Stück!
Die Kinder betrachten die Glitzerfolienzahlen und benennen einige bekannte Zahlen.
Die Spielleitung erzählt die Geschichte von den Zauberschachteln und ordnet dabei gemeinsam mit den Kindern einen Glitzerzahlensatz zu einer Reihe von null bis zehn, und dann den zweiten Glitzerzahlensatz darunter. Wie in der Geschichte ausgeführt, klebt sie die Glitzerzahlen auf die Schachteln auf.

Hinweis: Für die Aufbewahrung der Zauberschachteln hat sich ein eigenes Regal bewährt, mit dem sie Bestandteil der Mathe-Werkstatt (→ S. 119ff.) werden können. Die Zauberschachteln lassen sich aber auch an einer freien Wandseite einfach aufeinander stapeln.

Variante

Die Kinder finden angeregt durch die Beschäftigung mit den Zahlenmaterialien passende Materialien wie zu Zahlen geformte Steine, Zweige, ein vierblättriges Kleeblatt oder stellen eigene Materialien her, für deren Aufbewahrung sie eine eigene **Kinder-Zauberschachtel** erhalten. Diese bietet Platz für ihre Werke, die über einen längeren Zeitraum hin anwachsen. Zum Beispiel werden darin die Materialien und Seiten für ein eigenes Zahlen-Bilderbuch (→ S.27) bis zu dessen Fertigstellung verwahrt.

Die Geschichte von den Zauberschachteln

*Es waren einmal elf gewöhnliche Schachteln, die wollten schon immer zu etwas Besonderem werden, denn sie fühlten sich so leer und unausgefüllt. Eines Tages trafen die Schachteln einen Zahlen-Zauberer, der gerade eine Menge Glitzerzahlen gezaubert hatte: **die Null, die Eins, die Zwei, die Drei, die Vier, die Fünf, die Sechs, die Sieben, die Acht, die Neun und die Zehn,** und weil er gerade so gut in Schwung war und sein Zahlen-Zauber so vortrefflich wirkte, zauberte er gleich noch eine zweite Zahlenreihe hinterher: **die Null, die Eins … und zuletzt die Zehn!***

Inzwischen war der Zauberer schon etwas außer Puste! Er besah sich seine zauberhaften Glitzerzahlen und tippte sich dabei nachdenklich dreimal an seinen Zauberzylinder. Wohin mit den schönen Zahlen, wozu wollte er sie verwenden? Dabei fiel sein Blick auf die Schachteln – und schon hatte er eine Antwort auf seine Frage gefunden. „Diese Schachteln werden mir für meine Zahlen von Nutzen sein!" freute er sich. „Wenn ich in Zukunft noch mehr Zahlen-Zauber übe – denn ich will einmal ein großer Zahlen-Zauberer werden –, dann brauche ich für jede gezauberte Zahl einen Platz, an dem ich sie aufbewahren kann! Mal sehen, ob es genug Schachteln sind", sagt der Zauberer zu sich und ordnete jeder seiner Glitzerzahlen eine Schachtel zu. „Genau richtig, elf Schachteln, für jede meiner Zahlen eine, sogar für die Null!" rief er erfreut aus.

*Hurtig machte er sich an die Arbeit. **Jeweils eine Glitzerzahl klebte er auf den Deckel und eine auf die Vorderseite,** damit er stets erkennen konnte, welche Zahl in jeder Schachtel steckt! „Ich werde euch einen Namen geben", sagte der Zauberer zu den Schachteln. „Ihr sollt in Zukunft ‚Zauberschachteln' heißen und zudem wie die Glitzerzahlen darauf! **Du bist also ‚Zauberschachtel Eins', du ‚Zauberschachtel Zwei'** …" Die Schachteln freuten sich darüber und eine jede war stolz, eine ganz besondere Zauberschachtel zu sein!*

Fingerbilder

Die Fingerbilder eignen sich nicht nur zur Einführung einer konkreten Zahl und deren Mengenbild, sondern auch zur Reihenbildung als Anschauungsmittel für die Kinder.

Material: Schere

Jedes Fingerbild von S. 20 wird im DIN-A5-Format vergrößert kopiert, ausgeschnitten und wenn möglich laminiert.
Die Fingerbilder werden auf die Zahlen-Zauberschachteln entsprechend von eins bis zehn verteilt. Zusätzlich wird jedes Fingerbild im DIN-A8-Format (kleine Karteikarten) zweimal kopiert, ausgeschnitten und laminiert. Ein Kartensatz wird für Spiele bereitgelegt, der andere Satz wird in der „Zauberschachtel Zehn" aufbewahrt.
Die Fingerbilder eignen sich sehr gut für Zuordnungsspiele wie z.B. bei den Memobildern (➜ S. 24), und zusammen mit einem Zahlenkartensatz (➜ S. 21) kann mit ihnen auch Memory gespielt werden.

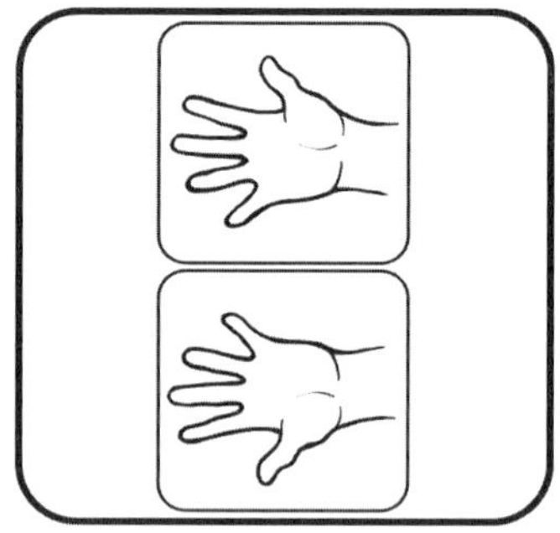

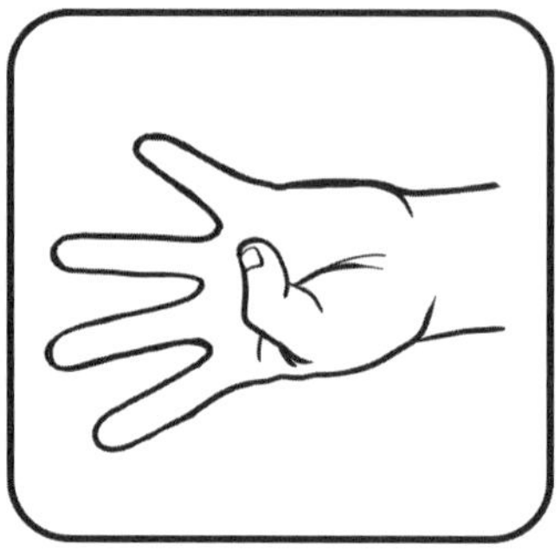

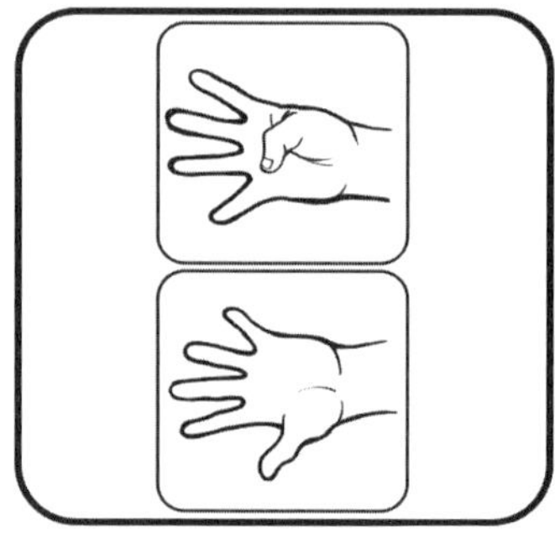

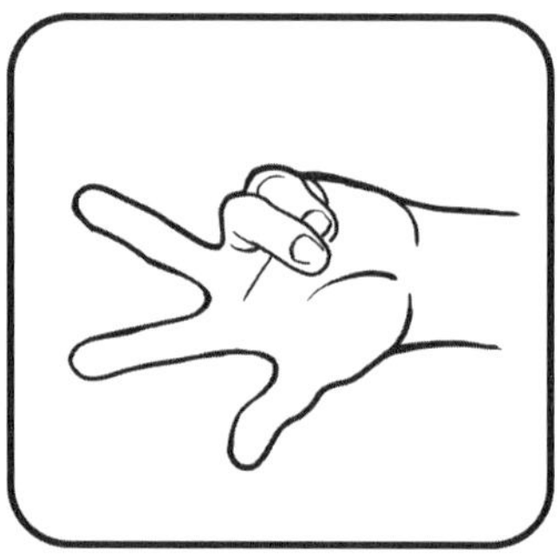

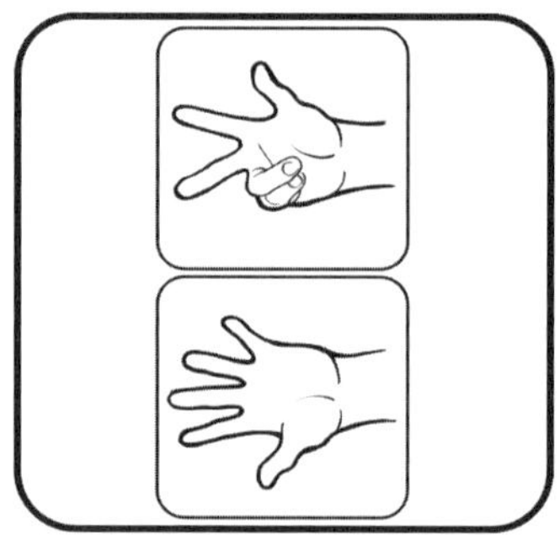

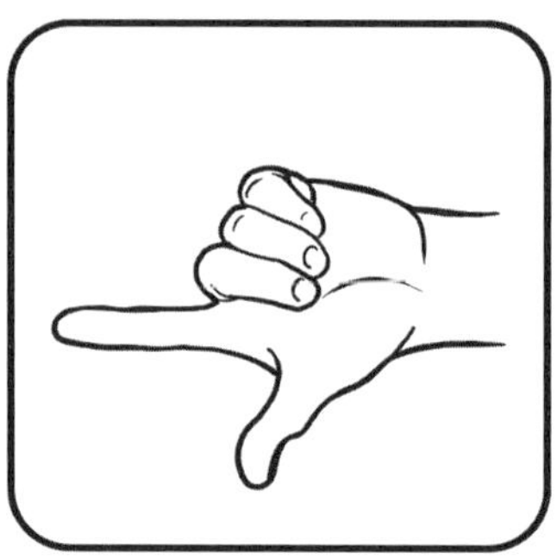

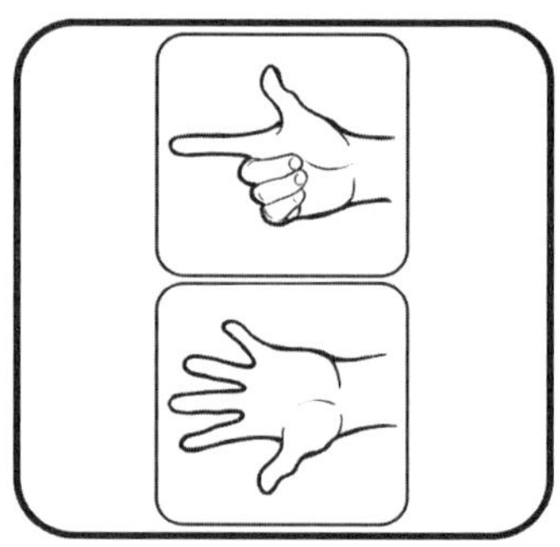

Zählstreifen

Material: 1 roter und 1 blauer dicker Filzmarker, Schere, Haushaltsgummis

Die Spielleitung kopiert die Abbildung der Zählstreifen von S. 22 zweimal vergrößert auf DIN A3.
Die Mengenkreise in den zehn Feldern auf jedem der Zählstreifen werden wie folgt ausgemalt: Die Mengen eins bis fünf jeweils komplett in Blau, bei den Mengen sechs bis zehn wird der sechste, siebte, achte, neunte und zehnte Mengenkreis rot gefärbt. Die quadratischen Felder ohne Mengenkreise bleiben leer und ergänzen visuell die Menge zur Zehn. Der Doppelstrich in der Mitte verdeutlicht zusätzlich zu den Farben Blau und Rot die Zahlenbereiche von eins bis fünf und von sechs bis zehn.
Jeder einzelne Zählstreifen wird ausgeschnitten und wenn möglich laminiert, sodass zwei Streifen-Sätze aus je zehn Streifen entstehen.
Ein kompletter Satz Streifen wird auf die Zahlen-Zauberschachteln von eins bis zehn verteilt, der zweite mit Haushaltsgummis gebündelt und in der „Zauberschachtel Zehn" aufbewahrt.
Hinweis: Die farbige Unterteilung der Zählstreifen in Rot und Blau ist eine visuelle Hilfe, anhand derer die Kinder die Menge von fünf Zählsteinen nebeneinander auf einen Blick erfassen können. Diese Unterteilung greifen wir auch bei anderen Spielformen auf.

Ziffernbilder

Material: Schere

Die Spielleitung kopiert jede einzelne Zahl von S. 23 vergrößert auf DIN A5, schneidet sie rechteckig aus und laminiert sie ggf.
Die fertigen Ziffernbilder werden auf die Zahlen-Zauberschachteln von eins bis zehn verteilt. Außerdem können sie für viele Spiele verwendet werden.

Zahlenkarten

Material: DIN-A5-Papier, dicker schwarzer Filzmarker, 20 Karteikarten (DIN-A7-Format)

Die Spielleitung schreibt die Zahlen von null bis zehn groß auf je einen DIN-A5-Zettel und laminiert die Zettel wenn möglich. Die Form der Zahlen sollte den Ziffernbildern von S. 23 entsprechen.
Sie verteilt die Zahlenkarten auf die Zauberschachteln von null bis zehn.
Zusätzlich werden die kleinen Karteikarten mit den Zahlen von null bis zehn beschriftet; hiervon werden zwei Sätze Karten benötigt.
Jeder Satz Karten wird gebündelt in die „Zauberschachtel Zehn" gelegt für Zuordnungsspiele.

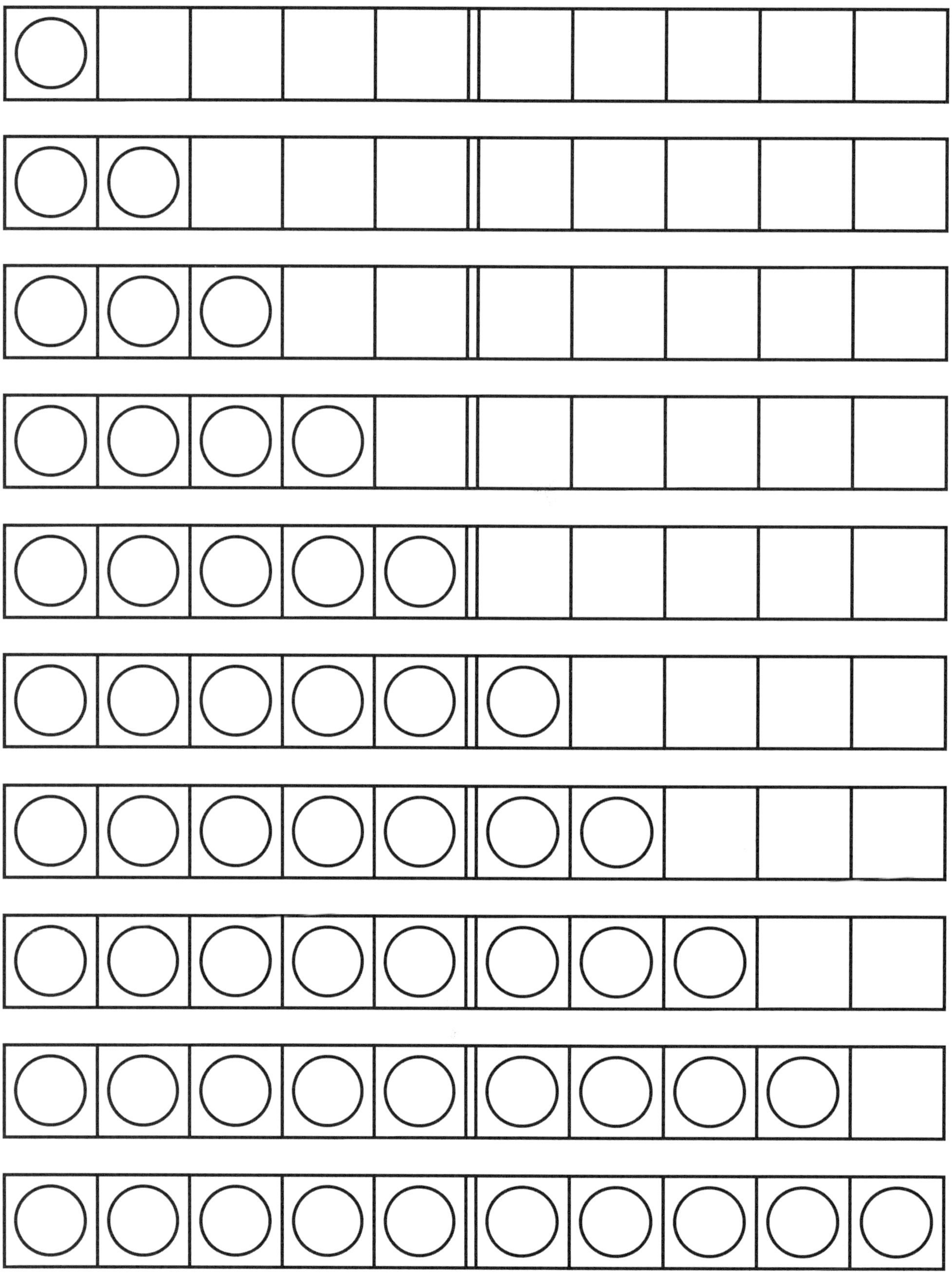

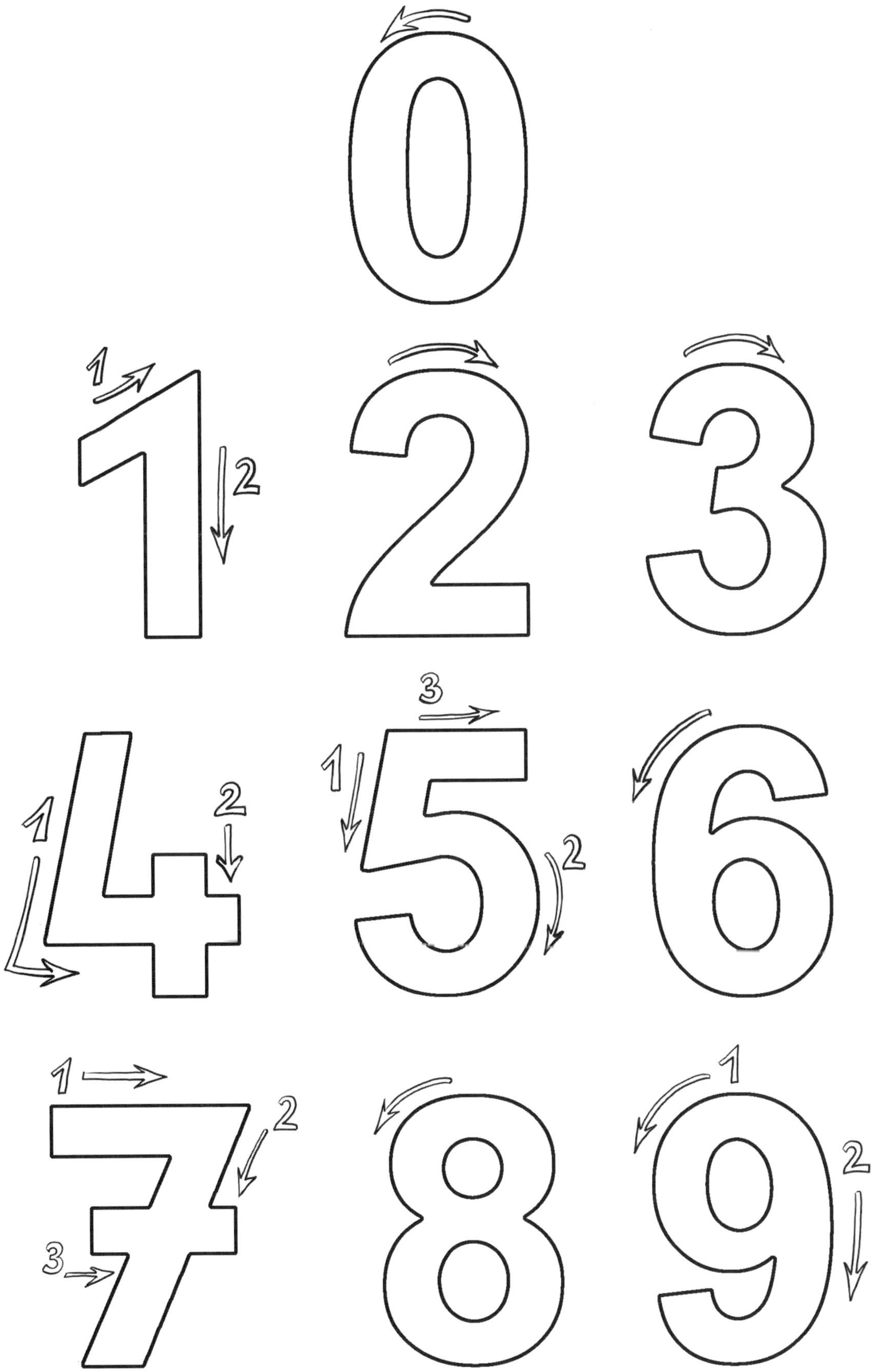
0
1 2 3
4 5 6
7 8 9

Zählsteine

Durch die wiederholte Zuordnung verschiedener Zählelemente festigt sich die Zahlvorstellung bei den Kindern und ihr Zählschema. Bunte Glas- oder Muggelsteine, die es überall in größeren Mengen zu kaufen gibt und die wir hier unter dem Begriff „Zählsteine" einführen, liegen gut in der (Kinder-)Hand und machen konkrete Zählmengen „be-greifbar". Sie eignen sich für viele Spiele in diesem Buch.

Material: 1 Satz Zählstreifen (aus der „Zauberschachtel Zehn", → S. 22), 11 leere transparente Kunststoff-Schachteln, 40 blaue und 15 rote Glassteine, Zahlen-Zauberschachteln von null bis zehn (→ S. 17); evtl. 1 transparente Schachtel und 5 blaue und 5 rote Glassteine pro Kind

Die Kinder ordnen die Zählstreifen von eins bis zehn von oben nach unten in eine Reihe. Zu jedem Zählstreifen legen sie eine leere Schachtel und füllen diese mit der entsprechenden Menge Zählsteine: 1 blauer Stein in die erste Schachtel, zwei blaue in die zweite Schachtel usw. bis zur fünften Schachtel. In die sechste Schachtel kommen fünf blaue Steine und ein roter Stein, in die siebte Schachtel fünf blaue und zwei rote Steine usw. (vgl. „Zählstreifen" S. 21). Die elfte Schachtel bleibt leer und kommt in die „Zauberschachtel Null". Die übrigen Schachteln werden nach dem Spiel in der jeweiligen Zahlen-Zauberschachtel von eins bis zehn aufbewahrt.

Variante Kinder-Zählsteineschachtel

Jedes Kind erhält bei der Einführung der Ziffer Null (→ S. 32) eine leere Kunststoff-Schachtel. Bei den Zahleinführungen von eins bis fünf erhält es jeweils einen blauen Zählstein dazu. Ab der Zahleinführung der Sechs bis zur Zehn erhält es jeweils einen roten Zählstein, mit dem es seine eigene Zählsteineschachtel ergänzt.

Memobilder

Bilder veranschaulichen Lerninhalte und bieten Zugangswege zu mathematischen Vorstellungen. Durch die Memobilder verknüpfen die Kinder ihre Zahlvorstellung der Fingerbilder mit den Mengenbildern auf den Zählstreifen und den Ziffernbildern der Zahlen. Mit jedem Memobild wächst die Zahlen- und Mengenreihe sichtbar an, und mit ihr wachsen die sinnlichen Mengenerfahrungen der Kinder.

Material: 1 Satz Fingerbilder (→ S. 20) auf DIN A3 vergrößert kopiert, 1 Satz ausgemalter linearer Zählstreifen (→ S. 22), 1 Satz Zahlenkarten DIN A5 (→ S. 21), DIN-A4-Papier, Klebstoff

Die Kinder ordnen den Fingerbildern von eins bis zehn die jeweiligen Zahlenkarten zu und wählen die passenden Zählstreifen aus.
Sie ordnen alle drei Elemente wie auf der Abbildung an, schneiden überstehende Ränder ab und kleben die drei Bilder sorgfältig auf ein DIN-A4-Blatt. Wenn möglich laminiert die Spielleitung die Memobilder.
Die Memobilder werden in einer Reihe von eins bis zehn sortiert und gut sichtbar an einer freien Wandseite oder in der Mathe-Werkstatt (→ S. 119) aufgehängt.

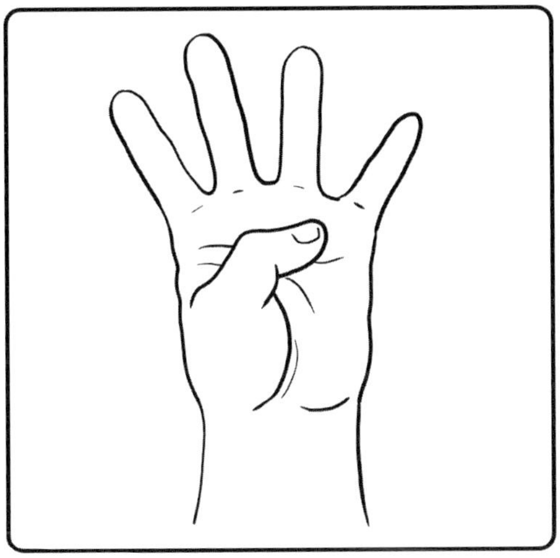

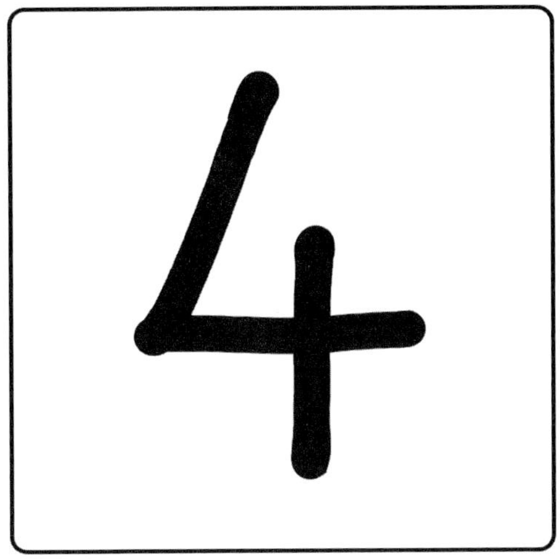

Fühlsäckchen

Auch die Fühlsäckchen lassen sich immer wieder im Spiel von den Kindern einsetzen. Sie üben hier, ohne Hilfe der Augen allein durch Tasten eine Menge abzuzählen und mit anderen Zahlenbegriffen in Beziehung zu setzen. Die Säckchen können entweder im Deko- oder Bastelbedarf gekauft oder selbst genäht werden.

Anzahl: 11 SpielerInnen
Material: 1 Satz Zählstreifen (→ S. 22), 11 kleine Jutesäckchen mit Zugkordel (ca. 7 × 10 cm groß), 55 Glassteine, 1 leere Glasflasche; evtl. Zahlenkarten von null bis zehn (→ S. 21)

Die Kinder sitzen im Kreis, in dessen Mitte verdeckt die zehn Zählstreifen durcheinander liegen. Zehn der Kinder ziehen einen Zählstreifen, und alle elf erhalten ein leeres Säckchen. Die Kinder mit einem Zählstreifen zählen ihr Mengenbild und füllen die entsprechende Anzahl Steine in ihr Fühlsäckchen. Ein Säckchen bleibt leer, es steht für die Null.

Die Zählstreifen werden erneut umgedreht, gemischt und in der Mitte des Kreises zusammen mit den Fühlsäckchen bereitgelegt. Die Spielleitung lässt die Flasche in der Mitte des Kreises wie beim Flaschendrehen rotieren. Das Kind, auf das der Flaschenhals zeigt, zieht einen der Zählstreifen und sucht dazu das passende Fühlsäckchen, indem es die Steine durch den Stoff tastend abzählt. Hat es das richtige Säckchen gefunden, geht es mit dem Zählstreifen und dem Säckchen zu seinem Platz. Hier öffnet es zur Kontrolle das Säckchen, schüttet die Glassteine für alle sichtbar auf den Boden und alle zählen gemeinsam laut nach. Stimmt die Menge der Steine nicht mit dem Zählstreifen überein, kommen die Steine zurück ins Säckchen und das Kind muss noch einmal nach dem richtigen suchen.
Hat es das passende Fühlsäckchen ertastet, dreht es nun selbst die Flasche und wählt so den nächsten Spieler aus. Zeigt die Flasche im weiteren Spielverlauf auf ein Kind, das bereits ein Säckchen ausgesucht hat, wird erneut gedreht. Das elfte Kind hat es am einfachsten und nimmt sich das übrig gebliebene leere Säckchen aus der Mitte.

Variante

Die Kinder legen die Fühlsäckchen in eine Zahlenreihe, links beginnend mit der Null nach rechts bis zur Zehn. Sie ordnen die Zählstreifen und die Zahlenkarten zu. Für das Säckchen mit der Null gibt es keinen Zählstreifen, nur eine Zahlenkarte! Gemeinsam mit der Spielleitung kontrollieren die Kinder am Ende, ob die Säckchen alle richtig zugeordnet sind. Dazu öffnen sie nacheinander die Säckchen, holen die Steine heraus und legen diese zum Nachzählen auf die Zählstreifen.

Zahlen zum Anfassen

Kinder erfassen Ziffernbilder leichter, wenn sie ihre Form ertasten und die Zahlen in der Hand halten können. Dazu bieten sich Zahlen aus Wellpappe an, deren strukturierte Oberfläche sich sehr gut zum Abtasten eignet. Dicke Plastilin-Zahlen erweitern die Form ins Dreidimensionale.

Material: fester Tonkarton, Bleistift, Papiermesser, Wellpappe, Schere, Plastilin

Die Spielleitung fertigt Zahlenschablonen der Ziffern von null bis zehn aus Pappe an. Sie zeichnet dazu 10 cm hohe und 2 cm breite Zahlen auf den Tonkarton und schneidet sie mit dem Papiermesser aus. Bei der Schreibung der Zahlen orientiert sie sich an den Ziffernbildern von S. 23.
Auf die Wellpappe zeichnet die Spielleitung mit den Zahlenschablonen alle Ziffern und schneidet sie aus.
Aus der Plastilinmasse werden die Zahlen von null bis zehn in Spielkartengröße sorgfältig modelliert und entsprechend der Packungsbeilage gehärtet. Für die Ziffer Zehn werden eine zusätzliche Eins und eine zusätzliche Null modelliert, die sich zusammenlegen lassen. Auch hierbei sollten die Zahlen so weit wie möglich den Ziffernbildern ähneln.

Hinweis: Die Zahlenschablonen lassen sich in weiteren Spielen immer wieder verwenden.

Der Zauberzylinder

Material: 1 alter Zylinder, 1 einfarbiges Satintuch (ca. 1 × 1 m), 1 kleines Tuch, Zauberstab (Holzstab o. Ä.), verschiedene kleine Spielzeugtierfiguren oder Stofftiere, 2 große Kartons; evtl. Zahlen-Zauberschachteln (➜ S. 17)

Vorbereitung

Die Spielleitung stellt den Zylinder vor dem ausgebreiteten Satintuch auf den Boden und deckt ihn mit dem kleinen Tuch ab. Der Zauberstab wird daneben bereitgelegt. Sie sucht eine Spielzeugtierfigur, z. B. ein Kaninchen, heraus und legt es in den Zylinder. Die übrigen Materialien werden in einen der beiden Kartons gelegt, wo sie vor den Blicken der Kinder geschützt sind. Der zweite Karton wird leer daneben bereitgestellt.

Spielablauf

Die Kinder sitzen im Halbkreis vor der Spielleitung um den Zauberzylinder herum. Die Spielleitung erzählt den Kindern, dass sie heute mal Zauberer spielen möchte und beginnt:

„Hokus, Pokus, eins, zwei, drei,
ich zaubere ein Kaninchen herbei!"

Sie greift in den Hut, entnimmt das Kaninchen, zeigt es den Kindern und legt es auf das Satintuch. Die Spielleitung fragt, welches der Kinder als nächstes Zauberer spielen möchte.
Das nächste Kind in der Runde darf sich etwas aus dem Karton heraussuchen, was es herbeizaubern möchte, und legt es heimlich in den Zylinder. Dazu nimmt es den Zylinder und stellt ihn in den leeren Karton. Dort füllt es ihn vor allen Blicken geschützt mit seinem ausgewählten Zaubergegenstand.

Das Kind deckt den Zylinder mit dem Tuch ab, bevor es ihn aus dem Karton herausnimmt und so verdeckt vor die anderen Kinder stellt. Es spricht den Zauberspruch und fährt fort.
Dann werden einige der Gegenstände nach dem Herbeizaubern unter das Satintuch gelegt. Die Kinder betrachten die Umrisse und Formen unter dem Tuch, überlegen und zählen auf, was sich darunter befindet.

Zauberschachtel-Variante

Die Spielleitung stellt die Zauberschachtel, z. B. die der Eins, vor die Kinder in den Halbkreis. Je ein Kind sucht aus der Schachtel ein Grundlagenmaterial zur Zahl Eins heraus und legt es in den Zauberzylinder. Es spricht den Zauberspruch, zaubert den Gegenstand für die Gruppe aus dem Zylinder und legt ihn auf dem Satintuch ab.

Mein Zahlen-Bilderbuch

Material: 1 Satz Memobilder von 1–10 (→ S. 25) pro Kind, Malstifte, 1 DIN-A4-Klarsichtmappe pro Kind, Locher, Zählsteine (→ S. 24)

Die Kinder gestalten ihre eigenen Memobilder wie auf S. 24 beschrieben.
Zu jedem der zehn Memobilder bemalen sie ein zusätzliches Blatt Papier. Zur Eins malen sie z. B. etwas auf, das es genau einmal gibt wie sich selbst oder die Erde. Zur Zwei möchten sie vielleicht ihre Augen oder ein Zwillingspaar malen, zur Drei ein Dreieck oder die drei Wunschpfeile aus der Geschichte zur Drei (→ S. 63) usw.
Alle Blätter werden gelocht und von eins bis zehn geordnet in der Mappe abgeheftet.
Die Kinder können jederzeit in ihrem persönlichen Zahlen-Bilderbuch blättern und nachsehen, wenn sie Zahlen und Mengen vergleichen wollen. Auf der Ziffernbildvorlage können sie auch den Schreibbewegungsablauf der entsprechenden Zahlen üben (→ auch S. 23).
Außerdem können sie mit ihren eigenen Zählsteinen (→ S. 24) die Mengenkreise auf den Memobildern nachlegen.
Hinweis: Das Zahlen-Bilderbuch eignet sich sehr gut als kleines begleitendes Projekt für den Zeitraum, in dem die Zahlen von eins bis zehn eingeführt werden. Bei jeder neuen Zahl ergänzen die Kinder ein Memobild und ein gemaltes Bild in ihrer Mappe, die damit stetig wächst.

Stationenspiel von eins bis zehn

Zur Zahl- und Mengeneinführung bietet sich eine besondere Lernspielform an: das so genannte Stationenspiel. Den Kindern werden dabei verschiedene Aufgaben aus allen Bereichen der mathematischen Vorläuferfertigkeiten angeboten. Die im Folgenden vorgestellten Stationen laden zur vertiefenden Auseinandersetzung mit dem Thema ein und bieten vielfältige Zugangsmöglichkeiten. Ein Spiel mit Stationen kann die Kinder über mehrere Tage wiederholt begleiten.
Die Spielleitung führt die Kinder zu Beginn nacheinander in alle Stationen ein. Nach einer ihrem Arbeitstempo angemessenen Zeit wechseln alle Kinder später selbstständig von einer Station zur nächsten. Insofern bietet das Stationenspiel die Möglichkeit, gleichzeitig älteren und jüngeren sowie leistungsstarken oder leistungsschwachen Kindern gerecht zu werden. Je nach Spielidee und vorhandenem Material teilt die Spielleitung den Stationen einzelne Kinder, Spielpartner oder Kleingruppen zu. Nach einer angemessenen Zeitspanne zum Beschäftigen und Üben mit den angebotenen Materialien und Spielen endet die Arbeit.

Die folgenden Stationen sind als Beispiele gedacht und können beliebig verändert werden. Soll der Aufwand an Vorbereitung und Erläuterung gering gehalten werden, bietet es sich z. B. an, in mehreren Stationen dieselbe Spielform einzusetzen: Das Stationenspiel zur Zahl Drei kann ebenso gut auch zu den Zahlen Vier und Fünf eingesetzt werden. Außerdem eignen sich über die hier aufgeführten Stationen hinaus weitere Spiele aus den folgenden Zahlenkapiteln für den Einsatz in Stationen. Die Stationen sind im Sinne der Lernform dann optimal eingerichtet, wenn die Kinder so selbstständig wie möglich arbeiten können, ohne sich über- oder unterfordert zu fühlen.

Material: 1 Tablett oder Schuhschachtel pro Kind

Vorbereitung
Die Spielleitung stellt die Tische im Gruppenraum zu einer für die angebotenen Stationen geeigneten Anordnung auf, z. B. ein Tisch pro Station. Für jede Station legt sie auf dem Tablett oder in der Schachtel pro Kind die jeweils benötigten Materialien bereit.

Varianten

- Wenn genügend Materialsätze für eine Station vorhanden sind, können auch mehrere Kinder an einer Station arbeiten.
- An einem großen Tisch wird pro Sitzplatz jeweils eine andere Station vorbereitet.
- An einem großen Tisch werden für sechs Kinder zwei oder drei Stationen angeboten. Die Kinder wechseln die Plätze und die Aufgabenstellungen am jeweiligen Tisch.

Hinweis: Wenn bei den folgenden Stationen nicht anders angegeben, kann jede Station von einem Kind allein durchgeführt werden.

Station zur Eins

Eine Übung zur Reihenbildung und Feinmotorik.

Alter: 4–6 Jahre
Material: eine große Auswahl verschiedenfarbiger Fädelperlen, Fädelschnüre (ca. 60 cm lang)

Vorbereitung
Die Spielleitung bereitet eine Perlenkette als Vorlage vor. Dazu fädelt sie von jeder Farbe immer nur eine Perle auf.

Spielablauf
Die Kinder fädeln ihre eigene Perlenkette nach der vorgegebenen Reihenfolge auf.
Am Ende wird die Schur verknotet, sodass die Kinder ihre Perlenkette um den Hals tragen können.

Station zur Zwei

Eine Übung zur Reihenbildung und Feinmotorik.

Alter: 4–6 Jahre
Material: 1 Schachtel blaue und rote Zählsteine (→ S. 24), 1 Spiegelfliese; evtl. 1 Steckspiel mit Steckvorlage und bunten Steckern

Die Kinder legen abwechselnd zwei blaue und zwei rote Steine als Rahmen rund um die Spiegelfliese.

Variante
Die Kinder stecken abwechselnd je zwei gleichfarbige Stecker nebeneinander und gestalten damit z.B. einen viereckigen Rahmen auf der Steckvorlage.

Station zur Drei

Eine Übung zur Schreibweise der Zahlen.

Alter: 5–7 Jahre
Material: Ziffernbild der Drei in DIN A4 (→ S. 23), 3 verschiedenfarbige Buntstifte; evtl. kleines Schälchen mit flüssigem Tapetenkleister, 1 Fingerfarbe, 3 verschiedenfarbige Wollfäden (je ca. 35 cm lang)

Die Kinder fahren das Ziffernbild der Drei entsprechend dem Schreibbewegungsablauf mit den Buntstiften dreimal in jeder Farbe nach.

Varianten
Die Kinder spuren die Ziffer mit dem Zeigefinger mit Tapetenkleister dreimal nach.

- Mit demselben Schreibbewegungsablauf fahren sie die Ziffer mit der Fingerfarbe dreimal nach. Durch den Kleister lässt sich die Fingerfarbe flüssig verteilen.
- Der Kleister dient als Klebespur für die drei Wollfäden, mit denen die Kinder die Ziffer nachlegen.

Station zur Vier

Eine Übung zum Abzählen und zur Reihenbildung.

Alter: 4–6 Jahre
Material: mehrere Stempel, 1 weißer DIN-A4-Bogen

Die Kinder machen mit jedem Stempel vier Abdrucke auf das Papier.

Station zur Fünf

Eine Übung zur Begriffsbildung.

Alter: 4–6 Jahre
Material: 1 Tastsäckchen mit je 5 Nüssen aus 5 verschiedenen Nusssorten (z. B. 5 Erdnüsse, 5 Haselnüsse, 5 Pistazien, 5 Walnüsse und 5 Mandeln), 5 kleine Schälchen

Spielablauf
Die Kinder ertasten in dem Säckchen immer fünf gleiche Nüsse und legen diese in ein Schälchen. Am Ende sollten alle Schälchen mit fünf gleichen Nüssen gefüllt sein.

Station zur Sechs

Eine Übung zur Feinmotorik und Schreibweise der Zahlen.

Alter: 4–6 Jahre
Anzahl: 2–6 SpielerInnen
Material: Ziffernbild der Sechs in DIN A3 (➜ S. 23), 1 Punktewürfel, ca. 30 Glassteine o. Ä.

Das Ziffernbild wird in die Mitte des Tisches gelegt. Die Kinder würfeln abwechselnd bzw. reihum. Wenn ein Kind eine Sechs würfelt, legt es entsprechend dem Schreibbewegungsablauf einen Glasstein in das Ziffernbild der Sechs. Das Spiel ist beendet, wenn die Sechs vollständig mit den Glassteinen bedeckt ist.

Station zur Sieben

Eine Übung zur Feinmotorik und Schreibweise der Zahlen.

Alter: 5–7 Jahre
Material: 1 rechteckiges Serviertablett oder altes Backblech mit erhöhtem Rand, Vogelsand

Vorbereitung
Der feine Vogelsand wird auf das Serviertablett geschüttet und verteilt, sodass sich eine glatte Fläche ergibt.

Spielablauf
Die Spielleitung schreibt jedem Kind einmal entsprechend dem Schreibbewegungsablauf die Ziffer Sieben in den Sand.
Die Kinder fahren die Spur siebenmal mit dem Finger im Sand nach.
Sie glätten die Oberfläche erneut und schreiben nun selbst die Ziffer Sieben in den Sand.

Station zur Acht

Eine Übung zum Abzählen und zur Zahlenkenntnis.

Alter: 5–7 Jahre
Anzahl: 2–3 SpielerInnen
Material: 1 weißer DIN-A3-Bogen, Bleistifte, 1 Papp-Kreisschablone pro SpielerIn (➜ S. 51), verschiedenfarbige Buntstifte, 1 Zahlenwürfel mit arabischen Zahlen bis zur Acht

Der Papierbogen wird in die Mitte des Tisches gelegt.
Mithilfe der Kreisvorlagen malen die Kinder mit Bleistift insgesamt acht Kreise als Spinnenkörper auf das Papier. An jeden Kreis fügen sie frei einen zweiten kleinen Kreis als Spinnenkopf an. Jedes Kind sucht sich eine Buntstiftfarbe aus und sie beginnen abwechselnd zu würfeln. Wer die Acht gewürfelt hat, malt an einen der Spinnenkörper acht Beine und zusätzlich den Körper in seiner Buntstiftfarbe aus. Die anderen SpielerInnen zählen beim Malen der Beine laut mit. Wer am Ende die meisten Spinnen ausgemalt hat, hat gewonnen.

Station zur Neun

Eine Übung zum Abzählen und zur Feinmotorik.

Alter: 5–7 Jahre
Material: große Auswahl verschiedenfarbiger Steckbausteine (mind. 9 pro Farbe), 1 Steckplatte

Die Kinder zählen je neun gleichfarbige Stecksteine ab, stecken sie jeweils zu einem Turm zusammen und setzen sie auf die Steckplatte. So entsteht eine bunte Neuner-Türme-Stadt.

Station zur Zehn

Eine Übung zur Ziffernkenntnis und zur Feinmotorik.

Alter: 5–7 Jahre
Material: 1 Zahlenschablone der Null und der Eins (➜ S. 23), 2 weiße Papierbogen DIN-A5, Filzstift, Prickelunterlage, Prickelnadel; evtl. 1 schwarzer Tonkarton DIN A4, die Wellpappeziffer der Zehn (➜ S. 26), Buntstifte, Knetmasse

Vorbereitung
Pro Kind zeichnet die Spielleitung mithilfe der Zahlenschablone der Null und der Eins die Ziffer Zehn mit dem Filzstift als Prickelvorlage auf einen Papierbogen.

Spielablauf
Die Kinder legen ein weißes Blatt auf die Prickelunterlage und darüber die Vorlage.
Mit der Prickelnadel prickeln sie die Ziffer Zehn aus. Halten sie am Ende das weiße Blatt vor ein Fenster, scheint das Licht durch die Prickellöcher und lässt die Ziffer Zehn aufleuchten.

Varianten

- Wer seine Zahlen dicht geprickelt hat, kann diese herauslösen und auf den schwarzen Tonkarton kleben.
- Die Kinder legen ein weißes Blatt Papier über die Wellpappeziffer Zehn und fahren mit den Buntstiften darüber, sodass sich das Muster der Wellpappenzahl abzeichnet.
- Die Kinder kneten aus der Knetmasse die Ziffern Eins und Null.

Die 0, sie steht für nichts und keins

Die Null ist ein Symbol für das Nichts (Lateinisch „nihil“ = „nichts“). Sie beschreibt kein Element und keinen Gegenstand, sondern dessen Nichtvorhandensein. In unserem arabischen Zahlensystem stellen wir die Zahl Null durch die Ziffer 0 dar.

Wir erkunden mit Kindern zunächst den Zahlenraum von eins bis zehn und eröffnen ihnen damit unser Dezimalsystem, dessen Stellenwert die Basis zehn ist. Die Ziffer 0, z. B. als Bestandteil der Ziffer 10, ermöglicht die Bildung unseres Dezimalsystems und auch die Entwicklung unserer modernen Mathematik. Dass in unserem Dezimalsystem die Null im eigentlichen Sinn keinen Wert beschreibt, ist für Kinder einfach zu verstehen. Sie begreifen, dass die Null das Nichts bedeutet und etwas bezeichnet, was nicht da ist. Wir verdeutlichen dies in der Geschichte zur Null: Stell dir etwas vor, das nicht da ist! Wie sieht das Nichts aus? Begeistert zählen Kinder rückwärts von der Zehn bis zur Null. Erst bei der Null angelangt wird im Spiel die Rakete gestartet.

Schwer verständlich ist für Kinder, dass die Null zugleich die Ziffer 1, wenn diese links vor der 0 steht, als zehnmal mehr beschreibt. Meist nehmen sie das Vorhandensein der Null in diesem Zusammenhang als gegeben hin. Im Verlauf ihrer weiteren schulischen Entwicklung machen sie Erfahrungen beim Rechnen in unserem Dezimalsystem und begreifen die Bedeutung der Null als Stellenwertangabe.

Zauberspruch für die Null

Material: 1 schwarzer Tonkarton DIN A4, Klebstoff, Zauberzylinder-Material (➔ S. 26); evtl. Zahlen-Zauberschachtel der Null (➔ S. 17), Kinder-Zauberschachtel (➔ S. 18), 1 schwarzer dicker Filzmarker, 1 leere Kunststoff-Schachtel pro Kind, Zahlen-Bilderbuch-Material (➔ S. 27)

Vorbereitung

Die Spielleitung rollt den schwarzen Tonkarton zu einer 30 cm langen Röhre und klebt die überlappenden Enden zusammen.

Sie kopiert die Geschichte zur Null (s. u.), rollt diese eng zusammen und steckt sie in die schwarze Röhre. Dort entrollt sich der Papierbogen wieder etwas, sodass man durch die Röhre hindurchsehen kann.

Sie drapiert die Zauberzylinder-Materialien und stellt den Hut mit dem Tuch verdeckt bereit. Neben den Hut legt sie die schwarze Röhre.

Spielablauf

Die Kinder sitzen im Halbkreis um den Zylinder und die Spielleitung herum. Sie erzählt den Kindern, dass sie heute eine ganz besondere, geheimnisvolle Zahl herbeizaubern möchte und dazu einen ganz besonderen Zauberspruch gelernt hat, den sie mit den Kindern erst einmal üben möchte, damit die Zauberei später auch gelingt. Die Spielleitung nimmt dazu den Zauberstab und bewegt ihn beim Sprechen des Zauberspruchs um den Zylinder herum. Die Kinder sprechen den Zauberspruch für die Null nach:

Hokus, Pokus, eins, zwei, drei,
wir zaubern heut die Null herbei.

Haben die Kinder gemeinsam mit der Spielleitung den Spruch einige Male geübt, zieht sie das Tuch vom Zylinder, schaut erstaunt hinein und spricht weiter:

Im Hut, da ist ja gar nichts drin!
Was ist die Null denn für ein Ding?

Wenn ein Kind möchte, darf es den ersten Teil des Zauberspruchs auch einmal alleine aufsagen, dazu den Zauberstab um den Zylinder bewegen und dann das Tuch wegziehen. Die Spielleitung und alle Kinder sprechen dann gemeinsam den zweiten Teil des Zauberspruchs: *„Im Hut, da ist ja …"*

Die Spielleitung gibt sich mit dem Nichts im Zauberzylinder jedoch nicht zufrieden. Sie nimmt die schwarze Papierröhre in die Hand und erklärt: *„Da muss ich doch mal mit meinem Zauberrohr im Hut nachschauen, ob dort wirklich nichts zu finden ist."* Sie lässt die Kinder nacheinander durch das Zauberrohr in den Hut schauen. Hat eines der Kinder den weißen Papierbogen im Zauberrohr entdeckt, darf es ihn herausziehen. Sollte keines der Kinder den Papierbogen entdecken, macht die Spielleitung die Kinder auf den Papierbogen aufmerksam:

Abrakadabra, simsalabim,
in diesem Rohr ist ja was drin!
Es zauberte mir, eins, zwei, drei,
eine Geschichte zur Null herbei!

Die Geschichte von der unsichtbaren Null

Es war einmal ein Zauberlehrling, der wollte einmal ein großer und berühmter Zahlen-Zauberer werden. Er wollte sich die wichtigsten Zahlen herbeizaubern, damit diese ihm ihre magischen Kräfte verleihen würden. Er hatte sich schon alles beschafft, was er zum Herbeizaubern von Zahlen benötigte: Einen alten Zauberzylinder, einen Zauberstab und ein Zaubertuch. Er hatte von seinem Zaubermeister gelernt, dass er sich von der Zahl, die er herbeizuzaubern wünschte, in Gedanken ein Bild machen müsse. Dann würde sie durch die Kraft ihrer Magie aus seiner Vorstellung heraus geboren werden und in seinem Zauberzylinder erscheinen. Er bräuchte sie nur unter seinem Zaubertuch hervorzuziehen, und schon wäre die Zahl für ihn wirklich.

„Die erste Zauberübung ist leicht!" sprach er zu sich. „Eine Null steht für das Nichts, und das Nichts ist überall da, wo etwas nicht ist. Ich brauche mir also folglich nur das Nichts vorstellen, dann erscheint die Null und ist wirklich!" Er konzentrierte sich ein wenig und schloss dabei seine Augen. Denn wenn wir uns etwas in Gedanken vorstellen sollen, dann geht das am besten mit geschlossenen Augen.

Jetzt musste er sich nur noch das Nichts vorstellen, und schon würde die Null erscheinen. Aber wie sah das Nichts eigentlich aus? War es das Flimmern, was er im Dunkeln mit geschlossenen Augen immer noch sehen konnte? „Wenn etwas flimmert, dann ist es etwas und nicht nichts", sprach er wieder zu

sich. „Es ist doch gar nicht so einfach, an nichts zu denken und das Nichts zu sehen, damit ich mir ein Bild davon machen kann!"
Was meint ihr, ob es dem Zauberlehrling schließlich gelungen ist, sich das Nichts vorzustellen und die Null herbeizuzaubern? Sein Zauberzylinder unter dem Zaubertuch blieb jedenfalls leer.

Varianten

- **Zahlen-Zauberschachtel** (→ S. 17)
  Die Zauberschachtel der Null steht neben dem Zylinder. Im Anschluss an die Zauberei schauen die Kinder mit dem Rohr in die Zauberschachtel und holen die plastische Ziffer Null, die Wellpappenziffer Null und die Zahlenkarte zur Null heraus. Sie befühlen die Zahl Null, betrachten die leere Kunststoff-Schachtel und das leere Fühlsäckchen und stellen fest: Da ist nichts drin.
  Die Spielleitung erklärt den Kindern, dass so die Zahl Null aussieht, wenn wir sie schreiben. Sie blickt die Kinder durch das Loch der Ziffer 0 hindurch an und scherzt: *„Ein Oval und in der Mitte ein Loch – nichts ist darin! Die Null ist ganz leer. So schreiben wir die Null."*
- **Kinder-Zauberschachtel** (→ S. 18)
  Die Kinder legen die Schablone der Null auf ihre Schachtel auf und umfahren die Null mit dem schwarzen Filzmarker. Dabei sprechen sie den ersten Teil des Zauberspruchs zur Null: *„Hokus, Pokus, eins, zwei, drei, wir zaubern heut die Null herbei!"*
- **Kinder-Zählsteineschachtel** (→ S. 24)
  Die Spielleitung teilt jedem Kind eine leere Kunststoff-Schachtel aus, die es in seine Kinder-Zauberschachtel legt. Es spricht dazu den zweiten Teil des Zauberspruchs: *„In meiner Schachtel ist gar nichts drin! Was ist die Null denn für ein Ding?"*
- **Zahlen-Bilderbuch** (→ S. 27)
  Da es kein Memobild für die Null gibt, bleibt eine Seite im Zahlen-Bilderbuch leer, die zweite Seite ist für das Ziffernbild der Null.

Murmel-Countdown

Alter: 5–7 Jahre
Material: 1 Stoffsäckchen, 10 Murmeln, 1 Murmelbahn

Die Kinder betasten das leere Stoffsäckchen und zählen: *„Null"*. Nach und nach befüllen sie es laut zählend mit den zehn Murmeln: *„Eins, zwei, drei …"*
Ist das Säckchen voll, kommt die Murmelbahn zum Einsatz: Die Kinder leeren rückwärts zählend das Säckchen und lassen die Murmeln nacheinander die Kugelbahn hinabkullern: *„Zehn, neun, acht …"* Bei *„null"* angelangt ist das Säckchen leer und keine Kugel rollt die Bahn hinunter!

Im Raupenbauch

Alter: 4–6 Jahre
Anzahl: 1 SpielerIn
Material: Straßenkreide, 5 kleine Steine, 1 Säckchen; evtl. 5 Gymnastikreifen, 1 Tuch

Die Kinder malen mit der Straßenkreide fünf aneinander hängende Kreise auf die Straße, im Durchmesser ca. 40 cm breit. Sie fügen einen weiteren kleinen Kreis als Raupenkopf hinzu und malen der Raupe ein Gesicht mit einem großen Mund. Die Steine werden in das Säckchen gefüllt.
Ein Kind bekommt das Säckchen und stellt sich damit in den Kopf der Raupe. Es blickt auf die leeren Kreise vor sich und spricht dazu:

Die Raupe hat Hunger,
ihr Bauch ist so leer,
nur die Null wohnt darin
und langweilt sich sehr!

Das Kind tritt in den ersten Kreis und legt dort einen Stein aus dem Säckchen ab. Dazu spricht es:

Die Raupe hat Hunger,
ihr Bauch ist so leer,
darum gebe ich schnell
ein Steinchen her!

Das Kind wiederholt den Spruch und das Ablegen der Steine im zweiten, dritten, vierten und fünften Kreis.
Zuletzt ist das Säckchen leer und die Raupe satt. Das Kind tritt aus dem letzten Raupen-Kreis heraus. Es schüttelt das Säckchen aus, um zu verdeutlichen, dass dieses nun geleert ist, und spricht dazu:

Die Raupe ist satt,
doch mein Säckchen ist leer,
die Null wohnt darin
und langweilt sich sehr!

Variante

Das Raupenspiel kann auch drinnen im Bewegungsraum gespielt werden: Die Kinder legen den Raupenbauch aus Gymnastikreifen. Den Kopf formen sie aus einem Tuch.

Fünf, vier, drei, zwei, eins, null!

Alter: 4–6 Jahre
Material: 1 10 l Eimer und 5 Tennisbälle pro Kind

Die Kinder stehen im für sie optimalen Wurfabstand vor einem leeren Eimer und werfen nacheinander ihre fünf Bälle hinein. Sie zählen dazu laut: *„Fünf, vier, drei, zwei, eins, null!"* Wenn mit *„eins"* der letzte Ball im Eimer gelandet ist, legen die Kinder die Hände hinter den Rücken, um die Null zu symbolisieren.

Merkspruch für die Null

Alter: 4–6 Jahre
Material: pro Kind 1 schwarzer Tonkarton DIN A3, weiße Wachskreiden

Vorbereitung
Die Spielleitung schreibt mit der weißen Kreide einmal auf jeden schwarzen Tonkarton die Ziffer Null. Über der Null zeichnet sie einen kleinen Pfeil, der nach links zeigt, um den Schreibbewegungsablauf zu kennzeichnen (➜ „Ziffernbilder" S. 23).

Spielablauf
Die Kinder malen mit der weißen Wachskreide eine große Null entsprechend dem Schreibbewegungsablauf auf den schwarzen Karton. Sie sprechen dazu:

Wir malen einmal mit viel Schwung
eine Null um nichts herum!

Varianten

- Die Kinder malen mit der Kreide innerhalb der großen Null immer kleiner werdende Nullen.
- Alternativ eignen sich für das Erlernen des Schreibbewegungsablaufs der Null die Spielformen aus den Stationen zur Drei, zur Sieben und zur Zehn (➜ S. 29ff.).

Oben, unten, rechts und links

Die Raum-Lage-Wahrnehmung

Die Raum-Lage-Wahrnehmung lässt Kinder erkennen und zuordnen, wie die Dinge in ihrer Umgebung angeordnet sind. Kinder beschreiben die Raum-Lage-Beziehungen der Dinge und erarbeiten sich wichtige **Basisbegriffe zur räumlichen Orientierung**: *links, rechts, mittig, neben, oben, unten, vor, zurück, vorne* und *hinten.* Mit diesen Basisbegriffen verschaffen sich Kinder eine Orientierung im Raum und können die Anordnung von Dingen beschreiben: Der Ball liegt *auf* dem Tisch, der Hund liegt *unter* dem Tisch usw. Diese Basisbegriffe der Raum-Lage-Wahrnehmung sind für Kinder die Grundlage, um die Arbeitsrichtung beim Lesen und Schreiben von links nach rechts erkennen und beibehalten zu können. Eine von links nach rechts ausgerichtete Zählweise nutzt Kindern auch in der Mathematik, um beim Abzählen von großen Mengen zu überblicken, welche Objekte sie bereits gezählt haben.

Im Vorschulalter spiegeln Kinder beim Schreiben Schriftzeichen und haben beim Zählen von Mengen keine systematische Herangehensweise. Sie beobachten jedoch die Bewegungsabläufe der Erwachsenen und übernehmen diese für ihre Handlungen. Ihre Körperwahrnehmung, z.B. die Unterscheidung zwischen rechter und linker Hand, hilft ihnen bei der räumlichen Orientierung. In unseren Spielen bieten wir Kindern bewusst ein von links nach rechts ausgerichtetes Schema als Orientierungshilfe an. Damit gelingt es Kindern auch bei leicht verwechselbaren Ziffern wie 6 und 9, die Raumlage der Zahlen zu unterscheiden und sich deren Schreibbewegungsablauf einzuprägen. Zur leichteren Unterscheidung von links und rechts benutzen wir einen Stempel, mit dem wir jedem Kind auf dem linken Handrücken einen Abdruck machen. Auch hier ist der Ausgangspunkt die linke Seite.

Im Vorschulalter gebrauchen Kinder diese Orientierungsfähigkeit besonders beim Üben ihrer Handbeweglichkeit beim Schreiben. Sie optimieren ihre Stifthaltung und es gelingt ihnen mitunter schon, einfache Muster nachzuzeichnen. Dabei üben sie die Linienführung in dem zweidimensionalen „Raum Papier". Sie ziehen Linien nach oben, unten, links und rechts.

Im Vorschulalter können Kinder bereits ihren Namen nachschreiben. Dabei muss ihnen die **Koordination von Auge und Hand** gelingen. Mithilfe der Auge-Hand-Koordination lernen Kinder Ziffern geordnet in Kästchen einzutragen und ihr Arbeitsheft übersichtlich zu beschriften. Mit der Fähigkeit Auge und Hände koordinieren zu können, gelingt Kindern der handelnde Umgang mit mathematischen Materialien. Sie können diese ruhig ordnen und sicher abzählen.

Neunerfelder

Für die Raum-Lage-Wahrnehmung eignet sich der Einsatz von so genannten „Neunerfeldern". Sie lassen sich leicht selbst herstellen und sind bei den folgenden Spielen vielseitig einsetzbar.

Material: weißer quadratischer Tonkarton (30 × 30 cm), schwarzer Filzstift, Lineal, Schere; evtl. weißer quadratischer Tonkarton (60 × 60 cm)

Die Spielleitung unterteilt den Tonkarton mit dem Filzstift in dreimal drei quadratische Kästchen von 10 × 10 cm Größe (s. Abb.) und erhält damit ein **kleines Neunerfeld**. Diese Vorlage kann auf DIN-A3-Blätter kopiert werden und der überstehende Rand wird abgeschnitten, sodass viele Kinder gleichzeitig mit dem Neunerfeld arbeiten können.

Variante

Für ein **großes Neunerfeld** unterteilt die Spielleitung den großen Tonkarton auf die gleiche Weise. Dieses Neunerfeld ist sehr anschaulich für eine Kindergruppe.

Kreuze und Kringel im Neunerfeld

Alter: 5–6 Jahre
Material: Beobachtungsmappe (→ S. 15), 1 kleiner Stempel, Stempelkissen, 1 kleines Neunerfeld (→ S. 38), 1 Filzstift

Die Spielleitung fordert das Kind auf, seine linke Hand zu zeigen. Sie bestätigt oder korrigiert es und macht auf seinen linken Handrücken einen Stempelabdruck.
Das Kind erhält das Neunerfeld und den Stift und führt nacheinander folgende Anweisungen aus:

- Male einen Kreis in die Mitte.
- Male ein Kreuz rechts neben den Kreis in der Mitte.
- Male ein Kreuz links neben den Kreis in der Mitte.
- Male ein Kreuz über den Kreis in der Mitte.
- Male ein Kreuz unter den Kreis in der Mitte.
- Male einen Kreis oben links in die Ecke.
- Male einen Kreis oben rechts in die Ecke.
- Male einen Kreis unten links in die Ecke.
- Male einen Kreis unten in das letzte freie Kästchen.

Beobachtungsauftrag

Die Spielleitung erfährt bei diesem Beobachtungsspiel, welche Raumlagebegriffe das Kind schon kennt. Ein Vorschulkind sollte die Begriffe *„Mitte“*, *„oben“*, *„unten“*, *„links“*, *„rechts“* und *„Ecke“* verstehen. Ein Kind im ersten Schuljahr sollte darüber hinaus die Begriffe *„Reihe“*, *„erstes Kästchen“* und *„freies Kästchen“* kennen.

Im Zauberwald

Alter: 4–8 Jahre
Material: 1 blauer, 1 goldener und 1 silberner Buntstift, Schere, Haushaltsgummis, 1 großes Neunerfeld (→ S. 38), 9 Teppichfliesen (ca. 30 × 30 cm), 1 Glöckchen
Hinweis: Die Teppichfliesen werden auch für die Mathe-Werkstatt benötigt (→ S. 126 „Zahleninseln“).

Vorbereitung

Die sechs Abbildungen von S. 40 werden dreimal doppelt so groß kopiert. Die Kinder malen die drei jeweils gleichen Bilder in Blau, Silber und Gold aus und schneiden sie aus. Sie bündeln sie zu einem Kartensatz Bildkarten (Einhörner, Drachen und Bogenschützen) und einem Kartensatz Symbolkarten (Hörner, Feuer und Bogen).
Die Spielleitung ordnet in der Mitte des Raumes die neun Teppichfliesen als Zauberwald zu einem Neunerfeld an und legt die große Neunerfeld-Vorlage als Rätselbild daneben.

Spielablauf

Die Kinder sitzen im Halbkreis vor der Spielleitung um die beiden Neunerfelder herum. Die Spielleitung erzählt die folgende Geschichte und legt dabei wie beschrieben zunächst die Symbolkarten (Feuer, Bogen, Horn) auf das Rätselbild-Neunerfeld. Danach legt sie die Bildkarten (Drache, Bogenschütze, Einhorn) entsprechend der Geschichte auf die Zauberwald-Teppichfliesen. Am Ende läutet sie das Glöckchen.

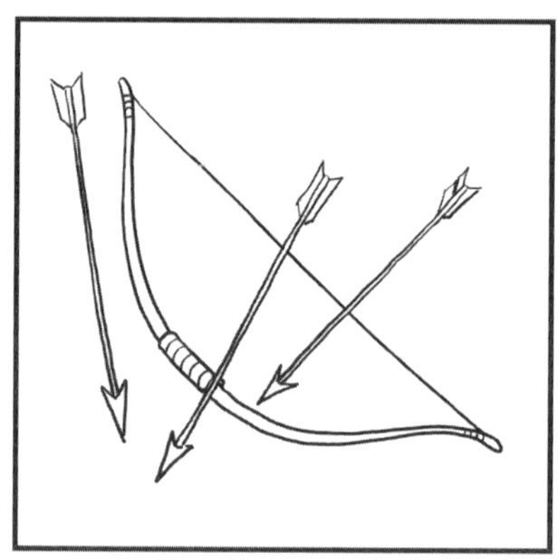

Die Geschichte vom Zauberwald

Im Zauberwald gibt es verschiedene verzauberte Märchenfiguren: drei Drachen, die Feuer speien, drei der besten Bogenschützen weit und breit, die alle Fabeltiere des Waldes beschützen, und drei Einhörner mit einem wunderlichen Horn auf der Stirn. Jede Figur gibt es dreimal: eine in Blau, eine in Gold und eine in Silber.
Vor dem Zauberwald befindet sich ein Rätselbild (Neunerfeld), *das dir zeigt, an welchem Platz du die Figuren im Zauberwald finden kannst. Zu Beginn sieht das Rätselbild so aus:*
In der ersten Reihe liegen eine blaue, eine goldene und eine silberne Feuerkarte.
Darunter in der zweiten Reihe liegen eine blaue, eine goldene und eine silberne Bogenkarte.
In der dritten Reihe liegen eine blaue, eine goldene und eine silberne Hornkarte.
Immer wenn ein Glöckchen ertönt, müssen die Figuren im Zauberwald ihren Platz aufgesucht haben. Dabei ordnet sich jede Figur ihrem Symbol im Rätselbild zu:
Der blaue, der goldene und der silberne Drache stehen oben in der ersten Reihe nebeneinander.
Der blaue, der goldene und der silberne Bogenschütze stehen in der zweiten Reihe darunter.
Das blaue, das goldene und das silberne Einhorn stehen in der dritten Reihe ganz unten.
Hörst du: Das ***Glöckchen läutet,*** *die Figuren haben ihren Platz eingenommen und sind jetzt alle zu sehen!*
Das Rätselbild verändert sich jedoch von Zeit zu Zeit, dann müssen die Figuren sofort ihren neuen Platz im Zauberwald aufsuchen, bevor das Glöckchen ertönt!

Die Spielleitung sammelt die Bildkarten aus dem Zauberwald wieder ein und verteilt sie an neun Kinder. Ein weiteres Kind legt die Symbolkarten im Rätselbild um.
Die neun Kinder legen ihre Bildkarte entsprechend der neuen Anordnung auf dem Rätselbild auf einen Platz im Zauberwald. Liegen alle Bilder am richtigen Platz, wenn das Glöckchen ertönt? Das Spiel kann in mehreren Runden fortgesetzt werden.

Varianten

- Die Symbolkarten auf dem Rätselbild sind nicht alle zu sehen. Je eines der drei Symbole, Feuer, Bogen oder Horn, liegt mit der leeren Rückseite nach oben auf einem Feld. Die Kinder müssen nun zuerst überlegen, welches Symbol fehlt, dann drehen sie die Symbolkarten um, bevor sie das Spiel fortsetzen.
- Die Spielleitung gibt für den Aufbau des Rätselbildes mündliche Anweisungen, z. B.: *„Das blaue Feuersymbol liegt zwischen dem goldenen Horn und dem silbernen Bogen in der oberen Reihe.“*
- Die Bild- und Symbolkartensätze werden jeweils als Kartensatz gemischt und dann zu zwei Neunerfeldern geordnet verdeckt nebeneinander auf den Tisch gelegt. Wie beim Memory decken die Kinder abwechselnd erst im linken Neunerfeld eine Karte auf und versuchen die zugehörige Karte im rechten Neunerfeld aufzudecken. Wer besitzt am Ende die meisten Paare?

Hinweis: Die Figuren der Bildkarten (3 Drachen, 3 Einhörner, 3 Bogenschützen) sind alle im Spielzeughandel erhältlich und lassen sich entsprechend bemalen (➔ S. 40). Sie eignen sich statt der Bildkarten hervorragend für den Einsatz im Neunerfeld.

Die Daumen sind oben

Alter: 4–6 Jahre
Material: 1 Schminkstift

Auf beide Daumen der Kinder werden mit einem Schminkstift lustige Gesichter gemalt. Die Kinder setzen sich in den Kreis und sprechen gemeinsam mit der Spielleitung das folgende Mitmachgedicht:

Die Daumen sind oben,
wen wollen sie loben?
Daumen über den Kopf halten

Die Daumen sind unten,
was wollen sie bekunden?
Daumen nach unten halten

Die Daumen sind hinten,
wen wollen sie finden?
Daumen hinter den Rücken halten

Die Daumen sind vorn,
fühl'n sich wie neugebor'n,
Daumen nach vorne halten

zeigen dir ihr Gesicht –
aus ist das Gedicht!
Daumengesichter zum rechten und linken Nachbarn drehen

Wo ist das Pfand?

Alter: 4–6 Jahre
Material: 1 Glasstein

Die Kinder sitzen im Stuhlkreis. Die Spielleitung nimmt einen kleinen Glasstein in eine Hand und schließt beide Hände zu Fäusten. Sie geht auf ein Kind zu und spricht rhythmisch den folgenden Vers, wobei sie ihre Fäuste im Rhythmus abwechselnd aufeinander setzt:

Wo ist das Pfand, in welcher Hand?
Ist's oben, ist's unten, sag, ist es dir bekannt?

Die Spielleitung lässt nach dem Vers ihre Fäuste aufeinander ruhen. Das Kind entscheidet sich für eine Hand, zeigt darauf und spricht dazu: *„Der Stein ist oben"* oder *„Der Stein ist unten"*. Hat es richtig geraten, darf es selbst das Spiel mit einem anderen Kind wiederholen. Hat es falsch geraten, geht die Spielleitung zu einem anderen Kind und spricht den Vers noch einmal.

Sonne, Mond und Richtungspfeil

Die Symbole „Sonne", „Mond" und „Richtungspfeil" dienen den Kindern zur Unterscheidung von rechts und links. Der Pfeil verdeutlicht die Richtung von links nach rechts (spätere Lese- und Schreibrichtung) am Arbeitsplatz. Die Sonne steht für die linke Seite, der Mond für die rechte Seite. Diese Symbole sind für die Kinder eine Orientierungshilfe, um weitere Raum-Lage-Begriffe in Arbeitsanweisungen zu verstehen.

Alter: 4–8 Jahre
Material: je 1 gelber, weißer und schwarzer Tonkarton, Bleistift, Zirkel, Schere, schwarzer Filzstift, Tuch (ca. 1 m × 60 cm), 1 gelber wasserfester, hautverträglicher Schminkstift

Vorbereitung
Auf den gelben Tonkarton zeichnet die Spielleitung mit dem Zirkel einen Kreis mit 20 cm Durchmesser. Mit dem Bleistift zeichnet sie an den Außenrand Zacken als Sonnenstrahlen und schneidet die Sonnenvorlage aus.
Auf den weißen Tonkarton zeichnet die Spielleitung mit dem Zirkel einen ebenso großen Halbkreis. Die zweite Hälfte zeichnet sie mit einem schwarzen Filzstift ähnlich wie in der Abbildung als Mondsichel und schneidet die Mondvorlage aus.
Auf den schwarzen Tonkarton zeichnet sie mit dem Bleistift ein 5 cm breites und 20 cm langes Rechteck. An einer Schmalseite fügt sie ein Dreieck als Pfeilspitze an und schneidet den Pfeil aus.
Wenn möglich laminiert sie die drei Symbole.

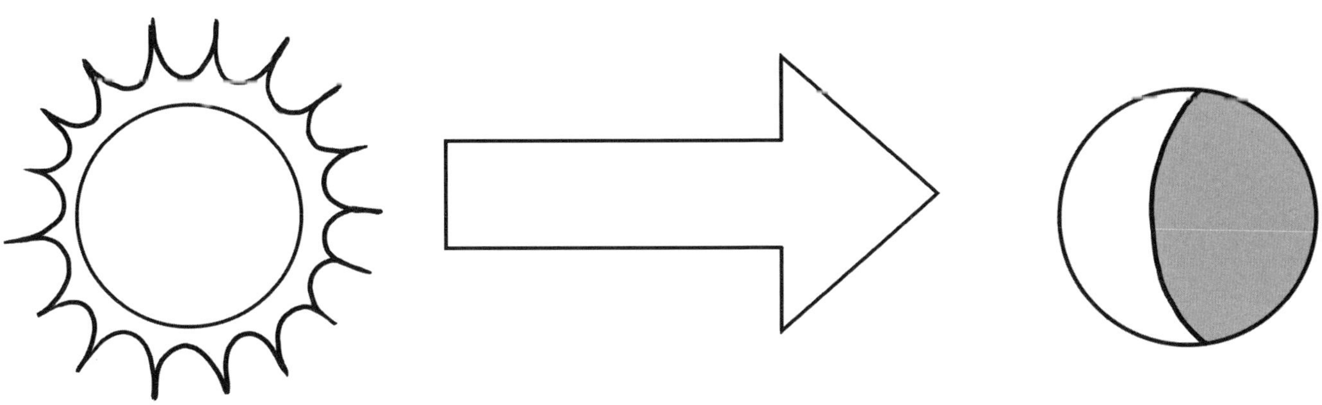

Einführung
Als Unterlage für die drei Symbole dient ein Tuch, das die Spielleitung vor den Kindern ausbreitet. Die Kinder sitzen im Halbkreis davor auf dem Boden.
Die Spielleitung erklärt den Kindern: *„Ich habe heute eine Sonne, einen Mond und einen Richtungspfeil mitgebracht“* und zeigt den Kindern die großen Vorlagen. *„Für viele Spiele und Beschäftigungen werden diese Dinge uns eine Hilfe sein. Die Sonne wohnt immer oben, auf der linken Seite.“* Sie legt die Sonne von den Kindern aus gesehen auf die obere linke Seite des Tuchs und erklärt: *„Das ist die linke Seite – die Sonnenseite. Der Mond wohnt immer oben auf der rechten Seite.“* Sie legt den Mond in die rechte obere Ecke auf das Tuch. *„Der Richtungspfeil weist den Weg von der Sonne zum Mond, er zeigt mit der Spitze auf den Mond.“* Die Spielleitung legt den Richtungspfeil oben in die Mitte des Tuchs mit der Spitze zum Mond.
Zur besseren Verinnerlichung malt die Spielleitung jedem Kind mit dem Schminkstift eine kleine Sonne auf den linken Handrücken.

Einsatzmöglichkeiten
Zu Beginn einer Tätigkeit zeichnen die Kinder Sonne und Mond auf ein Arbeitsblatt oder sie markieren damit ihre Schreibtischunterlage, die sie immer wieder verwenden.

- Beispiele für konkrete Handlungsanweisungen bei **Faltarbeiten**: *„Lege deinen Papierbogen in die Mitte deiner Arbeitsunterlage mit der kürzeren Seite gerade nach unten. Fasse die linke obere Ecke deines Papierbogens auf der Sonnenseite und falte sie bis zur rechten unteren Ecke auf der Mondseite...“*
- Auch vorbereitende **Schreibbewegungsabläufe** können mit den Symbolen für links und rechts verdeutlicht werden: Die Spielleitung zeigt dem Kind den Startpunkt auf dem Papierbogen und fordert es auf: *„Umkreise die Null nach links zur Sonnenseite hin.“*
- Beim **Abzählen ungeordneter Mengen** erleichtern die Orientierungssymbole das strukturierte Zählen: *„Beginne beim Zählen auf der linken Sonnenseite. Lege bereits gezählte Dinge in eine Reihe von der Sonne, wie der Richtungspfeil zeigt, zum Mond hin ab.“*

Reise von der Sonne zum Mond

Alter: 5–7 Jahre
Material pro Kind: 1 weißes DIN-A3-Blatt, 1 gelbe und 1 blaue Wachsmalkreide, 1 Spielzeugauto; evtl. viele verschiedenfarbige Wachsmalkreiden

Die Kinder knien am Boden oder sitzen am Tisch. Die Spielleitung teilt jedem Kind einen Papierbogen aus und leitet es an, diesen vor sich auszurichten: *„Du musst die lange Seite des Papierbogens gerade vor dir liegen haben.“*
Sie gibt den Kindern weitere Handlungsanweisungen: *„Nimm eine gelbe Wachskreide und lege diese in die linke obere Ecke auf deinen Papierbogen. Male an diese Stelle eine kleine Sonne. Nimm eine blaue Wachskreide und lege diese in die rechte obere Ecke des Papierbogens. Male an diese Stelle einen kleinen Sichelmond.“*
Die Spielleitung fordert die Kinder auf, ihr Spielzeugauto zu parken:

- *Stell das Auto unter die Sonne und fahre mit ihm eine gerade Linie zum Mond.*
- *Das Auto parkt wieder unter der Sonne. Es fährt nun eine kurvenreiche Wegstrecke von der Sonne zum Mond.*
- *Das Auto wechselt seinen Parkplatz: Es parkt ganz unten in der linken Ecke unter der Sonne. Das Auto fährt von dort schräg nach oben bis zum Mond.*
- *Das Auto fährt gerade nach unten in die rechte Ecke unter dem Mond.*

- *Das Auto fährt unten am Rand der Arbeitsunterlage bis in die linke Ecke unter der Sonne zurück.*
- *Das Auto fährt von der linken unteren Ecke unter der Sonne aus eine Zickzack-Strecke zum Mond.*

Variante

Die Kinder zeichnen mit Wachskreiden verschiedene Straßen für das Auto auf den Papierbogen. Die Spielleitung leitet dazu die Kinder an:

- *„Suche dir eine Wachsmalkreide aus und male ein kleines Auto in die linke obere Ecke unter die Sonne.*
- *Nimm eine grüne Wachsmalkreide und male unter den Mond einen kleinen Baum.*
- *Nimm eine andersfarbige Wachsmalkreide und zeichne eine kurvenreiche Straße, die vom Auto aus zum Baum, um ihn herum und wieder zurück zum Auto führt.*
- *Male ein kleines Männchen unter das Auto auf die Sonnenseite.*
- *Male ein kleines Haus unter den Baum auf die Mondseite.*
- *Zeichne mit einer anderen Farbe einen geraden Weg vom Männchen zu seinem Haus.*
- *Zeichne mit einer anderen Farbe eine Straße vom Auto zum Haus.*
- *Zeichne mit einer weiteren Farbe einen Weg vom Männchen zum Baum.*
- *Nimm eine weitere Farbe und zeichne einen Weg vom Baum zum Haus.*
- *Nimm eine weitere Farbe und zeichne einen Weg vom Männchen zum Auto."*

Mal scheint die Sonne, mal der Mond

Alter: 3–6 Jahre

Die Kinder sitzen im Stuhlkreis. Die Spielleitung fügt einen leeren Stuhl rechts neben ihrem eigenen Stuhl hinzu und spricht:

Der Mond scheint heut rechts neben mir,
da wünsch ich mir, der Max wär' hier.

Das gewünschte Kind wechselt seinen Platz. Das Kind links neben dem leeren Stuhl sagt nun:

Der Mond scheint heut rechts neben mir,
da wünsch ich mir, die Carla wär' hier.

Mit diesem Reimvers wünschen sich die Kinder neue Nachbarn auf den freien Stuhl rechts neben sich.

Variante

Der Stuhl wird links von der Spielleitung hinzugefügt. Der Reimvers lautet nun:

Die Sonne scheint ganz munter
von links auf mich herunter.
Und munter wie der Sonnenschein
kommt links zu mir der Max allein.

Das Kind hält beim Sprechen der ersten beiden Zeilen seine linke Hand nach oben und bewegt sie mit zu Strahlen gespreizten Fingern auf seine linke Schulter herab, um den Weg der Sonnenstrahlen anzudeuten.

Ganz einzigartig ist die 1

Zauberspruch für die Eins

Material: Zauberzylinder-Spielmaterial (➜ S. 26), kleiner Handspiegel, Zahlen-Zauberschachtel zur Eins (➜ S. 17), Einhorn-Bildkarte (➜ S. 40); evtl. 1 blauer Zählstein pro Kind, Kinder-Zauberschachtel (➜ S. 18), Zahlen-Bilderbuch (➜ S. 27), Malstifte, 1 Foto von jedem Kind

Vorbereitung

Die Spielleitung legt den kleinen Spiegel in den Zylinder und deckt diesen mit dem kleinen Tuch ab. Sie legt den Zauberstab bereit und breitet daneben das Satintuch aus. Auch die Zauberschachtel zur Eins stellt sie bereit und fügt die Einhorn-Bildkarte zu den Grundlagenmaterialien hinzu.

Spielablauf

Die Kinder sitzen im Halbkreis vor der Spielleitung. Diese erzählt den Kindern, dass sie heute eine neue Zahl herbeizaubern möchte. Sie fragt die Kinder, ob diese eine Idee haben, welche Zahl dies wohl sein könnte. Einige Kinder werden sicherlich auf die Zauberschachtel blicken und die Zahl Eins erraten.
Die Spielleitung fragt, ob sich die Kinder noch an den Zauberspruch zum Herbeizaubern der Null erinnern und spricht gemeinsam mit ihnen den Anfang:

Hokus, Pokus, eins, zwei, drei,
wir zaubern heut die Eins herbei.

Die Spielleitung zieht das Tuch vom Hut und spricht weiter:

Im Hut, da ist ja etwas drin,
was ist die Eins denn für ein Ding?

Beim Hervorzaubern des Spiegels kommentiert die Spielleitung: *„Schau in den Zauberspiegel, das bist du! Du bist wirklich einmalig, dich gibt es nur einmal auf der Welt!"* Die Kinder überlegen gemeinsam, was es noch alles nur einmal auf der Welt gibt: die Sonne, den Mond, die Erde …
Sie öffnen die Zauberschachtel der Eins, holen die Grundlagenmaterialien heraus und betrachten und untersuchen diese. Zu der Bildkarte des Einhorns fragt die Spielleitung: *„Ah, da ist ja ein ganz besonderes Tier auf dieser Bildkarte, es hat nur ein Horn und kommt in Märchen und Sagen vor. Wer weiß, was das für ein Tier ist?"*
Anschließend liest sie den Kindern die Geschichte vom silbernen Einhorn vor.

Die Geschichte vom silbernen Einhorn

Es war einmal ein schönes weißes Pferd. Das hatte eine lange, glänzende Mähne und ein samtiges weiches Fell. Es lebte zusammen mit vielen anderen weißen Pferden in einer Herde. Das Pferd liebte es, mit ihnen gemeinsam auf den grünen Weiden zu grasen und schnell wie der Wind über weite Ebenen zu galoppieren. Am Abend stand es dicht an dicht mit seinen Freunden, schnaubte leise und träumte mit den anderen Pferden vom Wind, wie er sie beim Galoppieren sanft gestreichelt hatte.

Eines Tages gesellte sich ein fremdes Pferd zur Herde. Das hatte ein glänzendes schwarzes Fell, so dunkel wie der Nachthimmel. Alle bewunderten das neue Pferd und wünschten sich, sie hätten auch etwas, das so besonders und einmalig wäre wie dessen dunkel schimmerndes Fell. In der Nacht träumte unser weißes Pferd wieder vom Streicheln des Windes. Es fühlte, wie ihm die warme Luft über das weiche Fell streifte, und seufzte leise. „Was seufzt du so?“, fragte der Wind. Das Pferd antwortete ihm: „Ich wünschte, mir könnte jemand sagen, wie ich so einmalig werden kann wie das schwarze Pferd.“ Der Wind lachte leise und blies dem weißen Pferd dabei sacht durch die langen Haare seiner Mähne. „Frag die Sonne, die ist auch einmalig, sie wird sicher einen Rat wissen“.

Am nächsten Morgen wurde das Pferd von den ersten warmen Sonnenstrahlen auf seinen Nüstern wach gekitzelt. Es musste heftig schnauben und wieherte vor Freude laut. Die Sonne war aufgegangen, endlich konnte es sie befragen: „Liebe Sonne, was muss ich tun, um einmalig zu werden, so wie das schwarze Pferd?“ Die Sonne ließ ihre Strahlen auf der Weide umherwandern. Sie dachte nach und weckte dabei erst einmal die anderen Pferde auf. „Was für eine seltsame Frage“, antwortete sie schließlich dem Pferd, „doch deinen Wunsch kann ich verstehen. Hör zu, die Antwort ist ganz leicht. Du musst den ersten Mondstrahl küssen, der in der Nacht auf deine Nüstern scheint. Doch achte darauf, dass der Mond selbst dick und rund am Himmel steht. Dann ist die rechte Zeit für ein kleines Wunder!“

Das Pferd wunderte sich über die seltsame Antwort der Sonne. Da der Mond gerade die Form einer Sichel hatte und dünn und kraftlos vom Himmel schien, musste es einige Nächte warten, um den Rat der Sonne befolgen zu können. Auch war es schwer, nicht einzuschlafen und vom Streicheln des sanften Windes zu träumen.

Doch eines Nachts war es soweit: Der Mond stand voll, rund und silbern schimmernd am Himmel. Schon ließ er seine ersten Mondstrahlen über die träumende Herde wandern. Doch ein Pferd träumte nicht – es war hellwach und wartete darauf, dass der Mondstrahl es erreichen würde. Als dieser über seinen Rücken strich, reckte es seinen Hals und gab dem wandernden Mondstrahl einen dicken Kuss. Dem schien das zu gefallen. Er verweilte lange Zeit auf der Stirn des weißen Pferdes. Was für ein wunderbares Prickeln und Kitzeln sich mit einem Mal auf dessen Stirn regte! Es fühlte sich an, als ob dem Pferd ein silberner Mondstrahl gewachsen sei. Und wirklich, dem weißen Pferd war ein silbernes Horn gewachsen und sein Wunsch war erfüllt worden: Es war nun einmalig!

Als die anderen Pferde sein silbernes Horn am nächsten Morgen bewunderten, gaben sie dem Pferd den Namen „Einhorn“. Doch noch etwas hatte sich verändert, denn das Einhorn liebte fortan den Mond und seine Strahlen so sehr, dass es nicht mehr bei seiner Herde bleiben wollte. Es wanderte stattdessen lieber des Nachts unter den silbernen Strahlen des Mondes im Wald umher. Weshalb es bis heute keiner von uns in einer Pferdeherde entdeckt hat!

Varianten

- Die Spielleitung teilt jedem Kind einen blauen Zählstein aus, den sie in ihre noch leere **Kinder-Zählsteineschachtel** (→ S. 24) aus der Kinder-Zauberschachtel legen und dort verwahren.
- Die Kinder gestalten für ihr **Zahlen-Bilderbuch** (→ S. 27) das Memobild zur Eins und malen auf die zweite Seite sich selbst oder kleben ein Foto von sich auf. Die Spielleitung erinnert die Kinder: *„Dich gibt es nur einmal auf der ganzen Welt!"*
- Für die Einführung der Eins eignet sich zudem das **Stationenspiel** (→ S. 29).

Mondlichtbild

Alter: 4–6 Jahre
Material: DIN-A3-Papier, silberne Alu- oder Bastelfolie, Schere, Klebstoff, Silberstifte

Vorbereitung
Die Spielleitung kopiert die Einhorn-Bildkarte von S. 40 für jedes Kind einmal vergrößert auf DIN A4.

Spielablauf
Die Kinder gestalten ein Mondlichtbild und erhalten dazu jedes ein DIN-A3-Blatt. Sie schneiden z. B. aus der silbernen Alufolie einen Mond aus und kleben ihn auf ihr Papier. Auch das Bild des Einhorns schneiden sie aus und kleben es dazu. Aus der Alufolie schneiden sie weitere Streifen für die Mondlichtstrahlen oder zeichnen diese mit dem Silberstift vom Mond zum Einhorn. Sie verzieren das Horn des Einhorns mit Alufolie oder malen es silbern aus.
Hinweis: Wir haben häufig erfahren, dass Kinder mit dem freien Zeichnen und Malen nicht so kreativ umgehen, wie wir dies von ihnen erwarten – viele Kinder haben regelrecht Angst etwas frei zu zeichnen! Sie lieben dagegen schöne Abbildungen und Bilder zum Ausmalen und fügen dann gerne eigene gestalterische Anteile hinzu. Manche Kinder können sich auch schon von einer großen Papierfläche überfordert fühlen und sollten dann die Gelegenheit erhalten, auf ein kleineres Format zurückzugreifen. Wenn sie mit der Zeit die Erfahrung machen, dass ihre Bilder in der Einrichtung nicht negativ bewertet werden, fassen sie vielleicht wieder Zutrauen zu ihren eigenen kreativen Fähigkeiten.
Ist ein Kind kreativ veranlagt und fällt es ihm leicht, seine Vorstellung zu Papier zu bringen, kann es natürlich gerne selbst ein Einhorn malen und sein Mondlichtbild vielfältig nach eigenen Ideen gestalten.

Daumenspuren

Die Spielleitung macht die Kinder darauf aufmerksam, dass auch der Daumenabdruck eines Menschen einmalig ist. Sie erklärt ihnen, dass die Polizei mit einer bestimmten Flüssigkeit die Fingerabdrücke von Menschen sichtbar machen kann, wenn diese etwas angefasst haben. Aus diesem Grund müssen einmal gefasste Verbrecher einen Daumenabdruck auf einer Karte mit ihrem Namen und Foto abgeben. So kann die Polizei diesen Abdruck mit Fingerabdrücken an anderen Tatorten vergleichen und herausfinden, ob der Verbrecher noch andere Straftaten begangen hat.

Alter: 4–6 Jahre
Material: weißer Tonkarton (DIN A3), schwarzer Filzstift, verschiedenfarbige Stempelkissen; evtl. DIN-A4-Papier

Vorbereitung
Die Spielleitung schreibt auf den Tonkarton entsprechend des Ziffernbildes auf S. 23 die Konturen einer riesengroßen Eins und fügt die Pfeile für den Schreibbewegungsablauf hinzu.

Spielablauf
Die Kinder fertigen zusammen ein Gruppenbild der Eins aus ihren Daumenabdrücken an. Jedes Kind macht hierzu einmal in jeder Farbe mit einem seiner Daumen einen Abdruck in die Eins. Dabei folgen die Kinder dem Schreibbewegungsablauf. Am Ende ist die Ziffer mit lauter bunten Daumenabdrücken gefüllt und kann als Daumen-Gruppenbild an die Wand gehängt werden.

Variante

Die Spielleitung schreibt die Ziffer Eins auf ein DIN-A4-Blatt und kopiert es einmal pro Kind. Jedes Kind fertigt sich entsprechend dem Schreibbewegungsablauf sein eigenes Daumenspurenbild an.

Merkspruch für die Eins

Alter: 4–6 Jahre
Material: Schreibmaterialien

Die Kinder bekommen Papier und Stifte und üben den Schreibbewegungsablauf der Eins mit dem folgenden Merkspruch ein:

Erst schräg hinauf, dann gerade runter,
eine Eins gelingt mir munter.

Varianten

Alternativ eignen sich für das Erlernen des Schreibbewegungsablaufs der Eins die Spielformen aus den Stationen zur Drei, zur Sieben und zur Zehn (→ S. 29ff.).

Quadrat bleibt Quadrat

Die Form- und Mengenkonstanz

Mit dem Erkennen einer Menge oder einer Form unabhängig von ihrer räumlichen Ausdehnung erfassen Kinder die Konstanz von Formen. Sie erkennen, dass ein Quadrat immer ein Quadrat bleibt, egal ob es groß oder sehr klein ist. Sie bemerken, dass sechs Steine immer sechs Steine bleiben, egal wie weit sie auseinander liegen, oder dass ein Liter Wasser immer ein Liter Wasser bleibt, egal wie klein oder groß, dick oder dünn die Flasche ist, in dem sich das Wasser befindet.

Diese Erkenntnis benötigen Kinder auch um ihr Zählschema zu bilden. Sie können dem Zahlbegriff „Fünf" die Menge von fünf Steinen zuordnen oder die fünf Augen auf einem Würfel. Später lernen sie Mengen zu zerlegen: Vier ist immer so viel wie zwei und zwei.

Kinder prägen sich Formen als ganzes Bild mit mehreren einzelnen Merkmalen ein, z. B. dass ein Quadrat vier gleich lange Seiten hat, und lernen auf diese Merkmale zu achten, um ein Quadrat von einem Rechteck zu unterscheiden. Sie können diese Merkmale in einer Auswahl verschiedener Formen bestimmen und heraussuchen.

Die visuelle Wahrnehmung der Form- und Mengenkonstanz hat dabei eine entscheidende Wirkung auf die Verarbeitung sprachlicher Informationen. Kinder, die gelernt haben, eine Form an ihren Merkmalen zu erkennen, können einfache Rätsel lösen: *Meine Form hat vier Ecken und vier gleich lange Seiten, wie heißt sie?*

Mit den beiden Beobachtungsspielen in diesem Kapitel lässt sich sehr schnell feststellen, welche Kinder hier Förderbedarf haben.

Quadrat bleibt Quadrat

Kinder im Alter von sechs Jahren sollten die Form eines Quadrats zumindest mit „Viereck" spontan benennen können, nachdem sie die vier Ecken abgezählt haben. Der Begriff „Quadrat" muss noch nicht gefestigt sein, sollte aber wiederholt werden und seine beiden Merkmale (vier Ecken, vier gleich lange Seiten) dabei gezeigt werden können. Beim Zeigen eines größeren Quadrats sollten die Kinder zumindest erkennen, dass die Form wieder ein Viereck ist und beim Erinnern an die Merkmale auf diese zeigen können.

Alter: ab 6 Jahren
Material: DIN-A3-Papier, Geodreieck, Bleistift, Schere

Vorbereitung

Die Spielleitung zeichnet auf den Papierbogen ein Quadrat mit 30 cm Seitenlänge und schneidet es aus. Das Quadrat faltet sie zweimal Seite auf Seite zu einem kleineren Quadrat, das die Größe eines Viertels vom ersten Quadrat hat.

Spielablauf

Die Spielleitung zeigt dem Kind das zusammengefaltete kleine Quadrat und fragt es: *„Was für eine Form ist das?"* Lautet die Antwort *„Viereck"* oder *„Quadrat"*, bestätigt sie das Kind und erklärt: *„Ja, das ist ein Viereck"*. Sie zählt laut die vier Ecken und deutet auf jede mit dem Zeigefinger. *„Dieses Viereck heißt auch Quadrat, weil es nicht nur vier Ecken hat* (sie zeigt erneut nacheinander auf die vier Ecken), *sondern auch* *vier gleich lange Seiten."* Die Spielleitung streift mit dem Finger einmal auf jeder Seite entlang. Sie fordert das Kind auf, das Quadrat noch einmal zu benennen und dabei auf seine vier Ecken und gleich langen Seiten zu zeigen.

Sie faltet vor den Augen des Kindes den Papierbogen ganz auseinander und zeigt auf das große Quadrat. Sie fragt das Kind: *„Ist das hier auch ein Quadrat?"*

Nach der Antwort des Kindes zeigt die Spielleitung ihm erneut die vier Ecken und die vier gleich langen Seiten des Quadrats. Sie erklärt oder bestätigt: *„Das ist ein Quadrat, es hat vier Ecken und vier gleich lange Seiten."*

Beobachtungsauftrag

+ Erkennt das Kind beim Zeigen des kleinen Quadrats, dass die Form ein Viereck ist mit einem Blick oder zählt es zuerst die vier Ecken und antwortet dann: *„Viereck"?*
+ Kennt das Kind den Begriff „Quadrat" oder kann es sich ihn und seine Merkmale (vier Ecken und vier gleich lange Seiten) kurz merken?
+ Kann es den Begriff „Quadrat" wiederholen und die Merkmale zeigen?
+ Erkennt das Kind nach dem Auseinanderfalten die Merkmale des großen Quadrats wieder oder hat es sich nur ein Merkmal gemerkt?
+ Lässt es sich durch die veränderte Größe der vier Seiten irritieren?
+ Erkennt es, dass das große Quadrat auch vier gleich lange Seiten hat?

Geometrische Formen

Kinder sind grundsätzlich sehr interessiert an geometrischen Formen und entdecken diese begeistert auch in ihrer natürlichen Umgebung wieder. Sie betrachten die jeweilige Form und benennen deren Merkmale – sie klassifizieren (➜ S. 67ff.) und erfassen die Formkonstanz! Wichtig für das Lernen mit allen Sinnen ist, dass sie die Formen ertasten und damit „be-greifen" können.

Material: Tonkarton, Papiermesser, transparentes Klebeband, Zirkel, Geodreieck, Bleistift, Zauberzylinder-Material (➜ S. 26); evtl. Zahlen-Zauberschachteln (➜ S. 17), je 3 Moosgummiplatten in Rot, Blau und Gelb

Vorbereitung

Die Spielleitung kopiert die Vorlage von S. 52 zweimal auf Tonkarton.

Die Pentagramme (fünfzackige Sterne) und die Hexagramme (sechszackige Sterne) werden mit dem Papiermesser ausgeschnitten.

Die Pentagone (gleichseitige Fünfecke) und die Hexagone (gleichseitige Sechsecke) im Innern der Sterne werden entlang der Einschnittlinie ausgeschnitten.

Die verbleibenden Sternhüllen werden an der Einschnittlinie mit Klebeband wieder zusammengefügt.

Die Spielleitung zeichnet selbst weitere Grundformen auf den Tonkarton und schneidet sie aus:

+ 2 gleichseitige Dreiecke (5 cm / 4 cm Seitenlänge)
+ 2 Kreise (2,5 cm / 1,5 cm Ø)
+ 2 Quadrate (5 cm / 4 cm Seitenlänge)
+ 2 Rechtecke (5 × 8 cm / 4 × 7 cm).

Wenn möglich werden alle Formen laminiert.

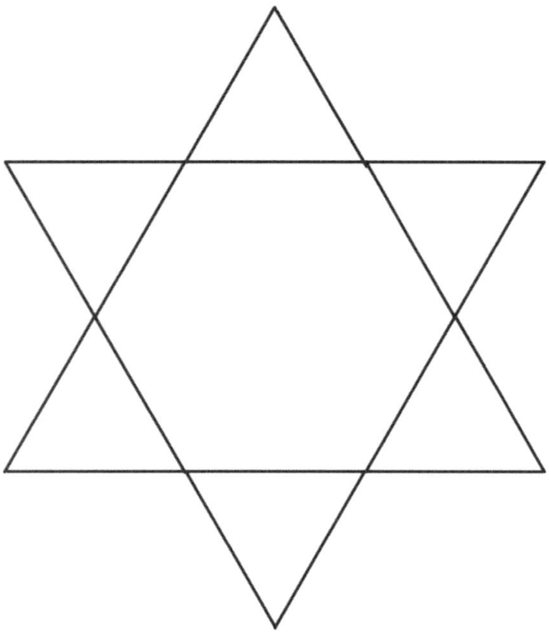

Hexagramm

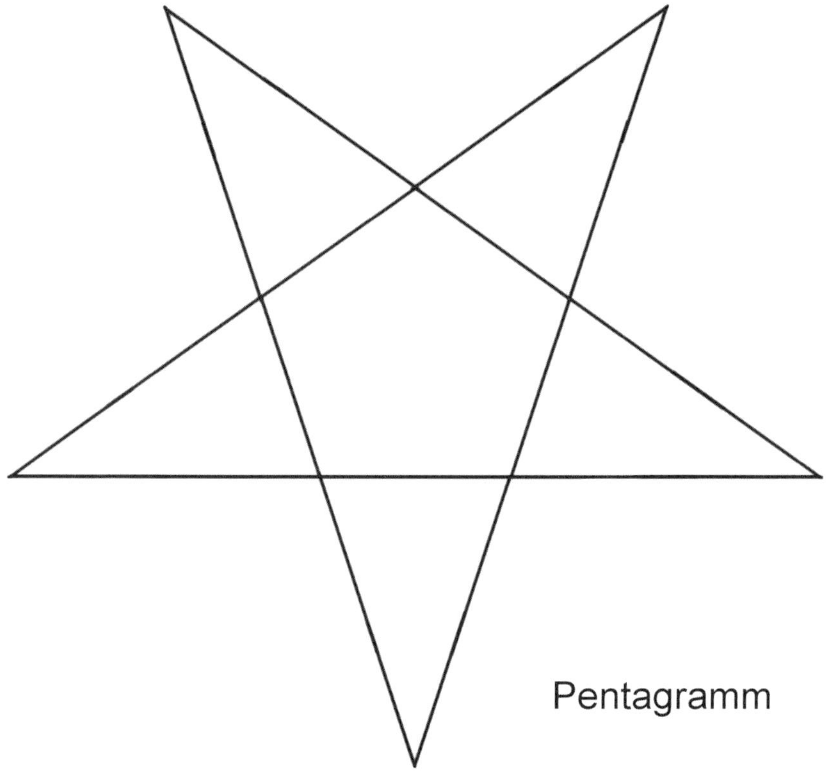

Pentagramm

Spielablauf

Jeweils zwei Kinder zaubern wie im Spiel „Der Zauberzylinder“ (➔ S. 26) beschrieben nacheinander zwei gleiche Grundformen aus dem Hut:

„Hokus, Pokus, eins, zwei, drei,
ich zaubere einen Kreis herbei!“

Sie betrachten und beschreiben ggf. mithilfe der Spielleitung die Merkmale ihrer Formen, z. B.: Die Kreise sind rund und geschlossen wie ein Ball – sie haben also keine Ecken.

Gemeinsam begeben sich alle Kinder auf Formensuche in ihrer Umgebung. Welches Kind findet am schnellsten die Form wieder und kann ihre Merkmale benennen? Zum Beispiel: Die Tischplatte hat eine runde, geschlossene Kreisform.

Varianten

- Nach der Einführung der Grundformen werden diese in die jeweiligen **Zauberschachteln** gelegt und von den Kindern bei der Zahl- und Mengeneinführung erneut wiederentdeckt. Ein Kreis kommt in die Zauberschachtel der Eins, die Dreiecke zur Drei, die Quadrate und Rechtecke zur Vier, die Pentagramme und Pentagone zur Fünf und die Hexagramme und Hexagone zur Sechs.
- Formen aus **Moosgummi** bieten den Kindern eine Materialalternative zum Ertasten der Grundformen und lassen sich auch bei weiteren Spielen im Buch vielfältig einsetzen.

Die Spielleitung bastelt neun große und neun kleine Grundformenplättchen in drei Farben: Dreieck, Kreis und Quadrat werden in je zwei Größen (➔ S. 51) jeweils auf einer roten, einer gelben und einer blauen Moosgummiplatte aufgezeichnet und alle 18 Formen ausgeschnitten.

Sechs bleiben sechs

Ein Kind kann im Alter von vier Jahren die Menge vier spontan erfassen ohne nachzuzählen. Bis zur Schulreife kann es in der Regel die Mengen fünf und sechs sicher erkennen, auch wenn diese ungeordnet sind, ohne die einzelnen Elemente nachzuzählen. Im Alter von sechs Jahren können Kinder die Anzahl von sechs Steinen spontan erkennen oder durch Zählen ermitteln. Werden diese in ihrer räumlichen Anordnung verändert, erkennen sie, dass es immer noch sechs Steine sind und nicht mehr.

Alter: ab 6 Jahren
Material: 6 blaue Glassteine

Die Spielleitung legt die sechs blauen Glassteine vor dem Kind eng nebeneinander auf einen Tisch. Sie fordert das Kind auf, die Glassteine zu zählen.
Hat das Kind richtig gezählt, rückt die Spielleitung die Glassteine vor den Augen des Kindes weiter auseinander und fragt: *„Wie viele Glassteine sind es jetzt? Sind es jetzt weniger Steine, gleich viele Steine oder mehr Steine?"* Gibt das Kind eine falsche Antwort, fordert sie es auf, die Glassteine noch einmal in Ruhe zu zählen und unterstützt es ggf. durch systematisches Zählen von links nach rechts.
Die Spielleitung legt die sechs Glassteine in verschiedenen räumlichen Anordnungen auf den Tisch: in einer Reihe, wie ein Würfelbild, als Kreis, eng zusammen oder weit auseinander. Jedes Mal fragt sie: *„Wie viele Glassteine sind es jetzt?"*

Beobachtungsauftrag
- Erkennt das Kind im Verlauf des Spiels, dass die räumliche Anordnung der Steine nicht den Umfang der Menge verändert?
- Benennt es die Menge sechs spontan, ohne erneut durch Zählen darauf zu schließen, oder erkennt es zumindest nach zwei oder drei Veränderungen, dass es sechs Steine sind?

Hinweis: Sollte ein Kind dies nicht vermögen, kann es lernen, Mengen systematisch abzuzählen. Es ist wichtig, diese Kinder anzuleiten, nicht einfach zu raten, sondern das Ergebnis durch systematisches, ruhiges Abzählen der einzelnen Elemente zu ermitteln. Dabei ist die Arbeitsrichtung von links nach rechts hilfreich (→ S. 43 „Sonne, Mond und Richtungspfeil"). Die Kinder bekommen genügend Zeit, die Steine in den veränderten Positionen immer wieder zu zählen, bis sie durch ihre eigene wiederholte Erfahrung herausgefunden haben, dass sich die Menge nicht durch eine andere räumliche Anordnung verändert.

Zum Zwillingspaar gehören

Zauberspruch für die Zwei

Material: Zauberzylinder-Material (➜ S. 26)

Vorbereitung
Die Spielleitung kopiert die Abbildung des zweiköpfigen Drachen doppelt so groß, laminiert sie wenn möglich und legt sie in den Zylinder. Sie legt alle Zauberzylinder-Materialien bereit.

Spielablauf
Die Spielleitung stellt den Kindern ein Rätsel: Er kommt in alten Geschichten vor, er ist groß, kann fliegen und Feuer speien. Wer ist das?
(Der Drache)
Die Spielleitung und die Kinder zaubern gemeinsam mit dem Zauberspruch die Drachenbildkarte aus dem Zylinder:

Hokus, Pokus, eins, zwei, drei,
wir zaubern heut einen Drachen herbei!

Beim Betrachten des Drachenbildes kommentiert die Spielleitung: *„Zwei Köpfe – ob das wohl gut geht?"* Sie fragt die Kinder: *„Habt ihr auch zwei Köpfe?"* Die Kinder betrachten ihren Körper und überlegen, was sie zweimal an ihrem Körper haben: Augen, Ohren, Daumen, Füße …
Wenn die Kinder wissen wollen, was es mit dem Drachen auf sich hat, liest ihnen die Spielleitung die folgende Geschichte vor.

Die Geschichte vom zweiköpfigen Drachen

Es war einmal ein Drache, der war furchtbar reich. Er hatte einen riesengroßen Schatz in seinem Drachenberg, auf dem er täglich saß, um sich am Funkeln und Glitzern der Goldstücke, Edelsteine und Juwelen zu erfreuen. Er liebte seinen Schatz so sehr, dass er in der Nacht kein Auge zutun konnte, denn er war immer damit beschäftigt, das Funkeln und Glitzern zu betrachten. Dabei spie der Drache ab und zu ein wenig Feuer, um seine Höhle im Berg zu erleuchten. Doch auch er musste hin und wieder ein wenig schlafen. Das machte ihn unzufrieden und unglücklich.
Er dachte nach, was er tun könnte, und bald hatte er eine Idee: „Ich werde mir einfach einen zweiten Drachenkopf wachsen lassen!" sagte er zu sich. „Dann kann der eine Kopf am Tag schlafen und in der Nacht den Schatz bewundern und der andere Kopf bewundert den Schatz am Tag und schläft in der Nacht." Gesagt – getan: Der Drache drückte und reckte, dehnte und streckte sich. Dabei wuchs ihm einfach mir nichts, dir nichts, ein zweiter Hals und Kopf aus seiner Schulter heraus. Bei dem ganzen Drücken, Recken, Dehnen und Strecken spie der Drache ordentlich Feuer. Wie ihr euch denken könnt, verdunkelte der viele Rauch zunächst einmal die ganze Drachenhöhle.
Als sich die Rauchschwaden schließlich verzogen hatten, betrachtete der Drache seinen neuen zweiten Kopf. Er schaute sich dabei tief in die Augen, denn davon hatte er ja nun zweimal so viel! „Und wer von uns schläft zuerst? fragte er seinen zweiten Kopf. „Na, du!" sagte sein erster Kopf! „Nein, du!" antwortete der zweite ...
Stellt euch vor, so geht es auch heute noch hin und her. Keiner der beiden Köpfen hat bisher auch nur eines seiner zwei Augen zugemacht, und weil die zwei Köpfe beim Streiten beide doppelt so viel Feuer spuckten wie vorher, war es in der Höhle bald ordentlich dunkel, und der Schatz wurde mit einer dicken Rußschicht überzogen. Aus war es mit dem Geglitzer und Gefunkel! Das kommt davon, wenn man sich so einfach, zweifach einen Kopf wachsen lässt!

Varianten

Für die Einführung der Zahl Zwei eignen sich zudem folgende Materialien und Spiele aus dem Grundlagenkapitel:

- Zahlen-Zauberschachtel mit Grundlagenmaterial (→ S. 17)
- Zahlen-Bilderbuch (→ S. 27)
- Kinder-Zählsteineschachtel (→ S. 24)
- Stationenspiel (→ S. 29).

Drachenbilder mit zwei Köpfen

Alter: 4–6 Jahre
Material: 1 Rolle Packpapier, Klebestreifen, Wachskreideblöcke, 1 Spiegel

Vorbereitung
Ein Teil des Bodens wird mit Packpapier ausgelegt, das am Boden festgeklebt wird.

Spielablauf
Die Kinder malen mit den Kreiden Drachen mit einem Kopf auf das Packpapier. Der Kopf des Drachen darf dabei nicht größer werden als der vorhandene Spiegel.
Nacheinander halten die Kinder den Spiegel neben ihren Drachenkopf und spiegeln ihn darin. So wächst ihrem Drachen wie durch Zauberei ein zweiter Kopf!
Wer mag, ergänzt den Kopf auch auf dem Papier, sodass eine bunte zweiköpfige Drachencollage zum Aufhängen entsteht.

Zwillingspaare

Alter: 4–6 Jahre

Die Spielleitung bespricht mit den Kindern im Stuhlkreis den Begriff „Zwillingspaar“. Sie fordert die Kinder auf, in der Einrichtung jeweils nach zwei Dingen zu suchen, die sich genau gleichen. Wenn möglich sollen die Kinder ihr Zwillingspaar in den Stuhlkreis bringen oder von ihrem Zwillingsfund im Stuhlkreis berichten und anschließend die Gruppe an den Fundort führen.
Was die Kinder wohl alles finden? Zwei genau gleiche Stühle oder Tische, ein Buch in doppelter Ausgabe, zwei kleine rote Bälle, zwei gleiche Malstifte … Alle begutachten die Paare gemeinsam: Sind die „Zwillinge“ wirklich genau gleich oder doch etwas unterschiedlich?

Merkspruch für die Zwei

Alter: 4–6 Jahre
Material: Klebestreifen

Vorbereitung
Die Spielleitung kopiert das Ziffernbild der Zwei (→ S. 23) auf DIN A3 vergrößert einmal pro Kind und befestigt es mit Klebestreifen auf jedem Arbeitsplatz.

Spielablauf
Die Kinder fahren die Ziffer Zwei mit dem Finger nach und sprechen dabei:

Wie ein Schwanenhals gebogen,
dann ein gerader Strich gezogen:
Das ist eine Zwei!

Varianten

Alternativ eignen sich für das Erlernen des Schreibbewegungsablaufs der Zwei die Spielformen aus den Stationen zur Drei, zur Sieben und zur Zehn (→ S. 29ff.).

Gestern, heute, morgen

Die zeitlich-räumliche Orientierung

Im Alter von sechs Jahren können Kinder in der Regel die Mengen von fünf und sechs Elementen sicher erkennen und sind damit in der Lage, kleine mathematische Operationen mit Mengenbildern darzustellen, diese zu beschreiben und zu lösen. Hierfür benötigen Kinder eine gute zeitlich-räumliche Orientierungsfähigkeit.
Diese Fähigkeit setzt wichtige sprachliche Begriffe voraus, die die Kinder auch für ihre Aufmerksamkeitssteuerung benötigen (→ S. 12). Mit den Begriffen *„zuerst", „dann", „zuletzt"* strukturieren sie ihre Handlungsschritte und einfache Operationen: *Zuerst* waren es fünf Steine, *dann* sind noch zwei dazu gekommen und *zuletzt* sind es sieben Steine. Diese Steine ordnen sie zur Operation von links nach rechts an. Mit diesen Begriffen können Kinder beschreiben und zuordnen: Was war vorher, was ist jetzt, was wird geschehen. So werden für Kinder zeitliche Abläufe erklärbar und ihre Handlungen planbar.
Feste Strukturen im Alltag heben immer wiederkehrende zeitliche Abläufe hervor und lehren Kinder diese zu überschauen. Dies kann durch die gemeinsame Planung und Vorbesprechung des Tages geschehen. Durch die Rhythmisierung des Tagesablaufs oder durch Rituale zur Orientierung werden Kinder für immer wiederkehrende Abläufe sensibilisiert.

Der Tag vergeht

Im Alter von fünf Jahren sollten Kinder eine Bildergeschichte nach ihrer zeitlichen Abfolge ordnen können. Sie sollten erkennen was zuerst war, was dann geschehen ist und was zum Schluss folgt.

Alter: 5–6 Jahre
Material: Schere

Vorbereitung
Die Spielleitung kopiert die Bildergeschichte von S. 59. Sie schneidet die einzelnen Bilder aus und laminiert sie wenn möglich.

Spielablauf
Die Spielleitung breitet die einzelnen Bilder ungeordnet auf einem Tisch vor dem Kind aus. Das Kind betrachtet die Bilder der Geschichte. Was tut das Kind auf dem Bild? Welche Tageszeit ist wohl gerade? Es ordnet die Bilder in der zeitlich-räumlich richtigen Reihenfolge vor sich auf dem Tisch.
Die Spielleitung fordert das Kind auf, die Geschichte in ein paar Sätzen zu erzählen. Gegebenenfalls unterstützt sie das Kind mit zeitlich strukturierenden Begriffen wie *„zuerst", „dann", „danach", „später", „am Nachmittag", „zum Schluss" ...*

Beobachtungsauftrag

- Erkennt das Kind die Tätigkeiten auf den Bildern und kann es sie benennen?
- Kann es die jeweiligen Tageszeiten zuordnen?
- Gelingt es ihm beim ersten Versuch, die Bilder in die richtige Reihenfolge zu bringen?
- Wie ordnet es die Bilder räumlich an?
- Kann es die Geschichte sprachlich wiedergeben und bemerkt es eventuelle Fehler in der Reihenfolge von selbst?
- Verwendet das Kind von sich aus zeitlich strukturierende Begriffe oder wiederholt es die Begriffe, die ihm die Spielleitung anbietet?

Hinweis: Die Spielleitung sollte nicht sofort korrigierend eingreifen, wenn das Kind die Bilder zunächst anders ordnet als hier vorgesehen. Vielleicht kommt bei seiner Erzählung der Geschichte eine andere, aber schlüssige Deutung der Situation heraus? Vielleicht stellt es auch das letzte Nachtbild an den Anfang der Geschichte? Wichtig ist es, mit dem Kind die räumliche Anordnung der Bilder von links nach rechts oder von oben nach unten zu üben und dabei die zeitlich strukturierenden Begriffe zu verwenden und eine logisch erklärbare Abfolge der Bilder zu verdeutlichen.

Bewegte Wochentage

Alter: 5–7 Jahre
Anzahl: mind. 8 SpielerInnen

Die Kinder sitzen im Stuhlkreis oder auf dem Boden. Die Spielleitung steht auf und ruft laut: *„An die Arbeit, Kinder, die Woche beginnt!“* Das nächste Kind rechts neben ihr steht auf und ruft laut: *„Montag“*, sein rechter Nachbar steht auf und ruft laut: *„Dienstag“* und so fort.
Das siebte Kind im Kreis beendet das Spiel und ruft: *„Sonntag – Ruhetag!“* Alle „Wochentag-Kinder“ setzen sich nun zum Ausruhen wieder hin und das Spiel beginnt von vorn. Das nächste Kind im Kreis steht auf und ruft: *„An die Arbeit, Kinder …“!*
Wenn die Kinder die Wochentage schon gut kennen, steigern sie das Tempo, bis alle ruckzuck hintereinander aufspringen und die Wochentage im Nu verfliegen …

Variante für 4–6 SpielerInnen

Die Kinder sitzen am Boden, stehen beim Nennen des jeweiligen Wochentages auf und setzen sich anschließend sofort wieder auf den Boden, weil sie vielleicht noch einmal an die Reihe kommen, um einen zweiten Wochentag zu nennen. Bei dem letzten Ruf: *„Sonntag, Ruhetag!“* strecken sich alle Kinder gähnend oder legen sich mit dem Rücken auf den Boden.

Kalendertage

Alter: 4–7 Jahre
Material: 1 großer Jahreskalender (mit nebeneinander aufgereihten Wochentagen, deutlich lesbaren Monaten und Jahreszahl), Sichtfenster-Klammer zur Datumsanzeige, Fingerbilder von eins bis sieben (➜ S. 20)

Vorbereitung

Die Spielleitung legt die Fingerbilder nebeneinander auf einem Tisch oder auf dem Boden neben dem Kalender bereit, der an einer Wand befestigt wird.

Spielablauf

Ein Kind der Gruppe wird zum „Kalenderkind" des Tages bestimmt. Es stellt das aktuelle Datum mit einer Sichtfenster-Klammer am Kalender ein. Dazu bestimmen die Kinder gemeinsam den jeweiligen Wochentag. Sie zeigen sieben Finger ihrer Hände und sprechen: *„Sieben Tage hat die Woche."*

Die Spielleitung deutet nacheinander auf die Fingerbilder von eins bis sieben und die Kinder zählen dabei auf: *„Montag, Dienstag, Mittwoch, Donnerstag, Freitag, Samstag, Sonntag"*. Nach dem Aufzählen aller Wochentage beginnen die Kinder wieder von vorn. Falls der aktuelle Tag ein Montag ist, sprechen sie: *„Heute ist Montag, der erste Tag in der Woche"* und zeigen dabei auf das Fingerbild der Eins. Ist der aktuelle Tag z. B. ein Donnerstag, sprechen sie: *„Der Montag, der erste Tag der Woche, ist vorbei"*. Dabei nimmt das „Kalenderkind" das Fingerbild der Eins und dreht es um. Alle anderen Kinder machen mit beiden Händen eine wegwerfende Bewegung über ihre Schultern. Sie fahren mit den entsprechenden Gesten fort: *„Der Dienstag, der zweite Tag der Woche, ist vorbei. Gestern war Mittwoch, der dritte Tag in der Woche, der Mittwoch ist vorbei, heute ist Donnerstag, der vierte Tag der Woche."*

Die Spielleitung nennt das komplette Datum, z. B.: *„Heute ist Donnerstag, der zwölfte Tag im Januar 2007."* Das „Kalenderkind" schiebt die Klammer auf den genannten Tag im Kalender.

Variante

Die Kinder sitzen im Stuhlkreis und spielen Raketenstart. Das „Kalenderkind" zeigt einen Startknopf für den Start der Rakete am Körper und wünscht sich die Farbe der Sterne, die später vom Himmel fallen. Außerdem benennt es eine Zahl zwischen zehn und eins, die beim Sprechen des Countdowns zuerst genannt werden soll. Zum Beispiel: *„Heute ist der Startknopf für die Rakete am rechten großen Zeh und ich wünsche mir goldene Sterne. Wir beginnen mit der Fünf."* Die Kinder beugen sich im Sitzen nach unten und zählen von der Fünf zurück bis zur Null: *„Fünf, vier, drei, zwei, eins, null!"* Bei der Null drücken sie mit ihren Daumen den Startknopf am rechten großen Zeh. Die Rakete startet, indem die Kinder das immer lauter werdende Geräusch einer startenden Rakete imitieren: *„Uuu …"* Dabei trampeln sie mit beiden Füßen auf den Boden, bewegen die Arme nach oben und springen schließlich alle gleichzeitig vom Stuhl auf, um den Abflug der Rakete anzudeuten. Dann bewegen alle Kinder ihre Finger zappelnd nach unten und rufen: *„Tausend goldene Donnerstags-Sterne."*

Perlenmonate

Mit diesem Spiel kann das tägliche Spielritual zum Einstellen des Kalenders (s. o. „Kalendertage") erweitert werden.

Alter: 4–7 Jahre
Material: 372 kleine Holzperlen in 12 verschiedenen Farben (für 12 Monate × 31 Tage), 12 Marmeladengläser mit Deckel, 12 Perlenschnüre (ca. 1,5 m), wasserfester Filzmarker, Jahreskalender (➜ „Kalendertage"), Hammer und Nagel; evtl. Malstifte in den 12 Perlenfarben

Vorbereitung

Die Spielleitung sortiert die Perlen nach Farbe auf die zwölf Marmeladengläser, die sie mit den Deckeln verschließt.

Spielablauf

Die Kinder sitzen im Halbkreis vor der Spielleitung und den Perlengläsern. Die Kinder zählen die Gläser. Die Spielleitung erklärt ihnen, dass für jeden Monat im Jahr, das zwölf Monate hat, ein Glas gedacht ist und jeder Monat Perlen in einer anderen Farbe erhält.

Die Kinder machen Vorschläge für die Zuordnung der Farben und üben dabei mithilfe der Spielleitung die Namen und die Abfolge der Monate. Sie beginnen mit dem aktuellen Monat, die Spielleitung beschriftet die Deckel mit dem Filzmarker und ordnet dabei die Gläser zu einem Jahreskreis.

Die Spielleitung nimmt das für den aktuellen Monat vorgesehene Glas aus dem Kreis heraus und erklärt den Kindern, dass darin für jeden Tag im Monat eine Perle enthalten ist. Hat ein Monat weniger als 31 Tage, werden sogar Perlen übrig bleiben, die dann am Ende des Monats von den Kindern aus dem Glas aussortiert werden.

Die Spielleitung zeigt auf den Kalender an der Wand und benennt den aktuellen Tag: Heute ist Donnerstag, der zwölfte Tag im Januar 2007. Sie macht einen Knoten in das eine Ende der Perlenschnur und die Kinder fädeln aus dem Januar-Glas elf Perlen für die bereits vergangenen Tage auf. Das „Kalenderkind" (➜ „Kalendertage") fädelt die zwölfte Perle für den aktuellen Tag auf.

Die Perlenschnur wird neben dem großen Kalender mit dem offenen Ende an einem Nagel verknotet, sodass sichtbar wird, wie viele Tage in diesem Monat bereits vergangen sind. Die Kinder suchen für alle Perlengläser einen Platz in einem Regal oder einer Kiste.

An jedem folgenden Tag holen die Kinder das aktuelle Monatsglas heraus und die Perlenkette vom Nagel herunter. Sie zählen die Perlen der vergangen Tage: *„Eins, zwei, drei ..."* zwölf Tage sind vergangen. Gestern war Donnerstag, der zwölfte Tag im Januar, heute ist Freitag, der dreizehnte Tag im Januar, und das neue „Kalenderkind" fädelt eine weitere Perle auf.

Nach dem Wochenende oder nach den Ferien überlegen die Kinder nach dem Zählen der Perlen, für welchen Tag die letzte Perle aufgefädelt wurde. Sie ergänzen wie zu Beginn der Fädelaktion die Perlen auf der Schnur. Ist ein Monat komplett aufgefädelt, wird das Ende der Schnur verknotet und die Kette in das entsprechende Monatsglas gelegt. Sind noch Perlen im Glas übrig? Wie viele Tage hat also der Monat gehabt? Mit dem ersten Tag des nächsten Monats wird eine neue Perlenkette begonnen.

Variante

Die Kinder legen die bereits vollständigen Perlenmonate aneinander und zählen die Namen der Monate auf: Januar, Februar ... Am Ende des Jahres bilden die Monatsperlenketten einen Jahresperlenkreis.

Hinweis: Um die Zuordnung der Farben zu den Monaten leichter nachzuvollziehen, können die Kinder die Monate auf dem Kalender mit der entsprechenden Perlenfarbe markieren.

Die 3 jongliert mit dreierlei

Zauberspruch für die Drei

Material: schwarzer Tonkarton DIN A5, Bleistift, Geodreieck, Schere, Alufolie, Kugelschreiber, Formenschablone großes Dreieck (➜ S. 51), Klebstoff, silberner Buntstift, Zauberzylinder-Material (➜ S. 26)

Vorbereitung

Auf den Tonkarton zeichnet die Spielleitung ein Quadrat mit 10 cm Seitenlänge und schneidet es aus. Auf die Alufolie zeichnet sie mit der Formenschablone ein Dreieck, schneidet es aus und klebt es mittig auf eine Seite des schwarzen Quadrats.

Sie kopiert die Symbolkarte „Bogen" (➜ S. 40) und malt die drei Pfeile mit dem Silberstift nach, sodass sie sich gut sichtbar abheben. Sie klebt die Karte auf die freie Seite des Quadrats und legt die Karte in den Zylinder, den sie mit allen anderen Zauber-Materialien bereitstellt (➜ S. 26 f.).

Spielablauf

Die Spielleitung stellt den Kindern ein Rätsel: Es ist gebogen, hat eine Sehne und lässt Pfeile durch die Luft fliegen. Was ist das? (Der Bogen)

Die Kinder zaubern mit dem folgenden Zauberspruch die Symbolkarte aus dem Zylinder:

Hokus, Pokus, eins, zwei, drei,
wir zaubern heut einen Bogen herbei!

Die Kinder ziehen die Karte aus dem Zylinder. Sie betrachten das silberne Dreieck auf der Bildkarte und zählen die drei silbernen Pfeile. Sie überlegen, was die Bildkarte mit der Zahl Drei zu tun hat: Das Dreieck hat drei Ecken, da sind drei Pfeile – vielleicht gibt es dazu eine Geschichte? Die Spielleitung liest ihnen die Geschichte von den drei Wunschpfeilen vor.

Die Geschichte von den drei Wunschpfeilen

Es war einmal eine Prinzessin, die hatte sich auf der Jagd tief in einem Wald verirrt. Lange schon war der Mond aufgegangen und schickte sein hell glitzerndes Mondlicht zwischen die Bäume des Waldes. Die Prinzessin suchte tapfer nach einem Weg, der sie aus dem Wald herausführen würde. Da bemerkte sie im Dickicht ein Glitzern, hörte ein Rascheln und leises, gequältes Schnauben.
Die Prinzessin trat näher heran und sah ein geflügeltes Pferd, das sich mit seinen glitzernden Schwingen im Dornendickicht eines Gestrüpps verfangen hatte. Das Pferd trug einen großen Jagdbogen und einen Köcher mit silbernen Pfeilen, die zwischen seinen Flügeln am Rücken befestigt waren. Vorne auf der Stirn schimmerte eine silberne Blesse, die wie ein Dreieck geformt war. Mutig trat die Prinzessin näher an das erstaunliche Tier heran. Vorsichtig löste sie seine gefangenen Flügel aus den Dornenranken heraus. Sie strich dem Pferd behutsam über das silberne Dreieck seiner Blesse und flüsterte ihm dabei beruhigende Worte ins Ohr: „Keine Angst, gutes Tier, nun bist du befreit, nichts hält dich mehr fest und du kannst sicher bald wieder fliegen wohin du willst!“
Das Pferd leckte seine Wunden und ordnete seine Flügel. Dann schnaubte es leise, blickte zur Prinzessin hoch und sprach: „Hab Dank für deine Hilfe! Wie ich sehe, bist du selbst in Bedrängnis und suchst einen Weg aus diesem verwunschenen Wald heraus? Steig auf meinen Rücken, dann werde ich dich auf meinen Schwingen sicher aus dem Wald heraustragen.“ Das Pferd lies die Prinzessin auf seinem geflügelten Rücken aufsitzen und hob mit ihr ab in den mondhellen Nachthimmel.
Nach einer Weile landete es sanft am Waldesrand, nahe dem Weg zur Burg, wie die Prinzessin erleichtert erkannte. Sie wollte sich schon verabschieden, da sagte das Pferd zu ihr: „Ich will dir für deine tapfere Hilfe noch ein Geschenk machen. Nimm aus meinem Köcher drei silberne Wunschpfeile an dich. Jeder dieser drei Pfeile kann dir einen Wunsch erfüllen. Du musst ihn nur hoch in die Luft schießen und dabei an das silberne Dreieck auf meiner Blesse denken! So hast du nun drei Wünsche frei, die dich begleiten werden!“
Die Prinzessin zog nacheinander die drei silbernen Wunschpfeile aus dem Köcher: „Eins, zwei, drei.“ Sie betrachtete nachdenklich die drei silbernen Pfeile in ihrer Hand und bedankte sich bei dem Pferd herzlich für das erstaunliche Geschenk. Zum Abschied küsste sie das silberne Dreieck auf seiner Stirn und machte sich auf den Heimweg zur Burg.
Welche drei Wünsche glaubt ihr hat sich die Prinzessin erfüllen lassen? Was würdet ihr euch wünschen, wenn ihr drei Wünsche frei hättet?

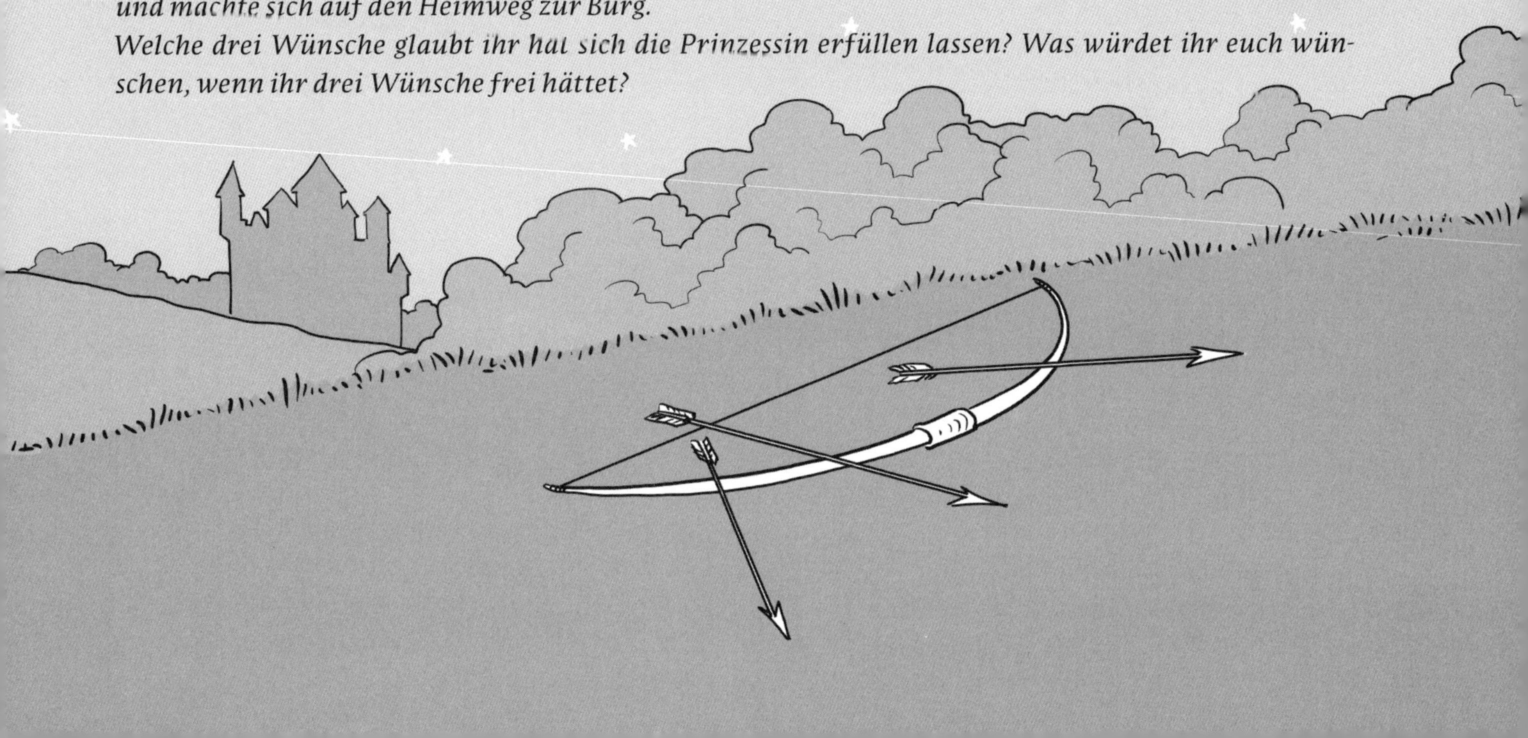

Varianten

Zur Einführung der Zahl Drei eignen sich zudem folgende Materialien und Spiele:

- Zahlen-Zauberschachtel mit Grundlagenmaterial (→ S. 17)
- Zahlen-Bilderbuch (→ S. 27)
- Kinder-Zählsteineschachtel (→ S. 24)
- Stationenspiel (→ S. 29).

Wenn ich drei Wünsche hätte

Alter: 4–6 Jahre
Material: weißes DIN-A3- und DIN-A4-Papier, Buntstifte, alte Kataloge und Illustrierte, Schere, Klebstoff

Die Kinder machen Vorschläge für die drei Wünsche der Prinzessin. Für nicht materielle Wünsche überlegen sich die Kinder Symbole, z.B. ein Herz für Freundschaft, eine Blume für Gesundheit oder einen Stern für das Glück. Materielle Wünsche werden gemalt oder aus den Katalogen und Zeitschriften ausgeschnitten und auf einen gemeinsamen DIN-A3-Bogen aufgeklebt. Ob die Prinzessin sich wohl glitzernde Ohrringe wünscht? Oder goldene Sandalen und einen schicken roten Mantel? Vielleicht wünscht sie sich ja auch lieber einen Kompass, um sich nie mehr im Wald zu verirren, oder einen Glücksstern am Himmel, der ihr in der Nacht immer den richtigen Weg nach Hause weist …?
Dann überlegen sich die Kinder drei eigene Wünsche und fertigen hierzu ein eigenes Bild oder eine Collage auf DIN-A4-Papier an. Wer möchte, stellt im Erzählkreis den anderen Kindern sein Bild mit den drei Wünschen vor.

Drei Wunschpfeile

Alter: 4–6 Jahre
Material: 3 Kunstfedern pro Kind, 1 Pinnwandnadel, 1 Packung Zahnstocher, transparentes Klebeband, Wasserfarben, Pinsel, Malunterlagen

Vorbereitung
Mit der Pinnwandnadel bohrt die Spielleitung an jedem Federkiel ein Loch als Einsteckstelle für die Zahnstocher vor.

Spielablauf
Jedes Kind zählt für sich drei Federn und drei Zahnstocher ab. Die Kinder stecken einen Zahnstocher in jeden Federkiel und befestigen diesen mit einem Stück Klebeband.
Sie wählen drei Farben aus den Wasserfarben aus, mit denen sie die Spitzen ihrer Wunschpfeile, die Zahnstocher, einfärben.
Sind die Wunschpfeile auf der Unterlage getrocknet, können die Kinder sie mit nach Hause nehmen. Die Wunschpfeile erinnern sie an ihre drei Wünsche.

Trilogo

Alter: 4–7 Jahre
Material: weißes DIN-A4-Papier, dünner schwarzer Filzstift, Lineal, Zahlenschablone der Drei (→ S. 26), Buntstifte, Schere

Vorbereitung
Die Spielleitung faltet ein DIN-A4-Blatt zur Hälfte zusammen und wieder auseinander. Sie markiert die Faltlinie mithilfe des Lineals mit dem Filzstift. Auf jede DIN-A5-Hälfte malt sie mit der Zahlenschablone eine Drei und kopiert diese Vorlage einmal pro Kind.

Spielablauf

Die Kinder malen mit den Buntstiften die beiden Ziffern der Drei aus.

Entlang der schwarzen Mittellinie auf der Vorlage schneiden sie das Blatt in zwei Hälften. Sie schneiden eine der Dreien aus und zerteilen sie mit zwei Schnitten in drei beliebige Teile. Sie vermischen die Ziffernteile und setzen sie durch Auflegen auf die Vorlage oder frei wieder zusammen.

Haben sie ihre eigene Ziffer zusammengesetzt, vermischen sie die drei Teile wieder, lassen sie an ihrem Platz liegen und tauschen mit einem anderen Kind den Platz. Schaffen sie es, auch die anders zerteilten Ziffern wieder korrekt zusammenzusetzen?

Dreieck im Dreieck

Mit diesem Bastelspiel entdecken die Kinder, dass sich die Form eines Dreiecks aus vier kleinen Dreiecken zusammensetzen lässt.

Alter: 4–8 Jahre

Material: 1 Bogen quadratisches Buntpapier (max. 20 cm) pro Kind, 1 schwarzer Tonkarton DIN A3, Schere, Klebstoff

Vorbereitung

Die Spielleitung stellt nach der Abbildung ein aus vier Dreiecken zusammengesetztes Dreieck her (Anleitung s. „Spielablauf") und klebt dieses auf den schwarzen Tonkarton.

Spielablauf

Die Kinder erhalten jeweils einen quadratischen Buntpapierbogen, falten ihn Spitze auf Spitze zu einem Dreieck und entfalten ihn wieder.

Dies wiederholen sie gegengleich, sodass sich die Faltlinien von Spitze zu Spitze in der Mitte kreuzen.

Sie zerschneiden den Buntpapierbogen entlang des Kreuzes in vier Dreiecke. Die Kinder schieben die vier Dreiecke so lange hin und her, bis sie daraus ein großes Dreieck zusammengesetzt haben. Am Ende vergleichen sie ihre Lösung mit der Vorlage auf dem Tonkarton.

Drei Wege zum Ziel

Alter: 5–8 Jahre
Material: weißes DIN-A3-Papier, Buntstifte

Die Kinder erhalten einen Bogen DIN-A3-Papier und suchen sich einen Buntstift aus. Damit malen sie auf der linken Seite des Papiers drei Pfeile mit etwas Abstand untereinander. Auf die rechte Seite malen sie drei Zielscheiben.
Vom ersten Pfeil an zeichnen sie eine ineinander verschlungene Linie zu einer der drei Zielscheiben auf der gegenüber liegenden Seite. Auf diese Weise werden alle drei Pfeile zu einer Zielscheibe geführt. Dabei müssen sich die verschiedenen Fluglinien überschneiden.
Die Kinder tauschen ihre fertigen Rätselbilder untereinander aus. Welcher Pfeil fliegt auf welche Zielscheibe? Um das Rätsel zu lösen, spuren die Kinder jede der drei Flugbahnen mit einer anderen Buntstiftfarbe nach. So wird die Lösung des Rätsels durch die drei verschiedenfarbigen Linien sichtbar.

Merkspruch für die Drei

Alter: 5–6 Jahre
Material: DIN-A4-Papier, dicke Wachskreideblöcke, Ziffernbild der Drei (→ S. 23)

Die Kinder schreiben entsprechend dem Schreibbewegungsablauf auf dem Ziffernbild mit den Wachskreiden die Ziffer Drei dreimal in verschiedenen Farben. Sie sprechen dazu den Merkspruch:

Bogen eins, Bogen zwei,
schon siehst du die Drei!

Varianten

Alternativ eignen sich für das Erlernen des Schreibbewegungsablaufs der Drei die Spielformen aus den Stationen zur Drei, zur Sieben und zur Zehn (→ S. 29f.).

Rot zu Rot – Kreis zu Kreis

Die Klassifikation

Die Grundsätze der Klassifikation berücksichtigen Kinder bei vielen Spielen. Sie suchen z. B. nach Klassifikationsmerkmalen um zu beschreiben, welche Farbe ihre Kleidungsstücke haben, wie die Formen von Gegenständen aussehen oder wer das größte und wer das kleinste Kind in der Gruppe ist. Sie benennen Merkmale, um gleiche Merkmale zuzuordnen oder voneinander zu unterscheiden: *„Maike ist schon sechs Jahre alt, sie ist das älteste von uns Kindern. Achmed und ich sind beide fünf Jahre, wir sind gleich alt. Peter ist erst vier Jahre alt, er ist jünger als wir."*
Sie erkennen dabei Gesetzmäßigkeiten und Zusammenhänge: *„Das ist ein Dreieck, es hat drei Ecken und drei Seiten. Der Triangel hat die gleiche Form, er ist dreieckig."* Sie können dadurch auch Gegensatzpaare und Paare mit gleichen Merkmalen finden: *„Dieser Teppichrest fühlt sich rau an, der Samtstoff dagegen weich. Das sind beides Vierecke, sie haben beide vier Ecken und sind dennoch nicht genau gleich. Das eine Viereck hat zwei lange und zwei kurze Seiten: Es ist ein Rechteck. Das andere Viereck hat vier gleiche Seiten: Es ist ein Quadrat."*
Die Kinder ordnen Dinge nach ihrer Verwendungsmöglichkeit Kategorien zu: *„Alle großen Bauklötze kann ich gut zum Bauen meiner Burg gebrauchen, die kleinen lasse ich in der Kiste."*
Kinder im Vorschulalter lernen, die Merkmale der Mengen zwischen eins und zehn zu klassifizieren und diese den Zahlen Eins bis Zehn zuzuordnen.

Ein Durcheinander!

Kinder im Vorschulalter sollten aus einer Anzahl von verschiedenen Formen gleiche Formen heraussuchen und die Grundformen „Dreieck", „Kreis" und „Viereck" benennen können. Sie sollten diese zudem nach Farben und Größen unterscheiden und ordnen können.

Alter: 5–6 Jahre
Material: 18 Moosgummiformen (➜ S. 52)

Die 18 Formenplättchen liegen ungeordnet auf einem Tisch. Die Spielleitung fordert das Kind auf, die Formen zu ordnen. Sie fragt: *„Wie kannst du ordnen?"* Sie beobachtet die Ordnungsweise des Kindes und fordert es mit der Frage *„Wie kannst du noch ordnen?"* auf, weitere Ordnungsmöglichkeiten zu suchen.
Die Spielleitung lässt dem Kind Zeit zum Ordnen und kommentiert sein Tun: *„Du ordnest jetzt nach Formen: alle Dreiecke, alle Quadrate, alle Kreise."* Oder: *„Nun ordnest du nach Farben: alle roten, alle blauen, alle gelben Formen."* Oder: „Jetzt ordnest du nach der Größe: alle großen und alle kleinen Formen zusammen."

Beobachtungsauftrag
Die Spielleitung beobachtet, welche Ordnungskategorien das Kind von selbst findet. Sie kann ihm auch durch eine Frage zum Finden einer weiteren Ordnungskategorie verhelfen, z. B.: *„Sind alle Formen gleich groß?"* Oder: *„Haben alle Formen die gleiche Farbe?"*

Formen-Rallye

Alter: 5–8 Jahre
Material: 1 Weichbodenmatte, 1 langes Tau, 2 Springseile, Sprossenwand; evtl. Straßenkreiden

Vorbereitung

- Die Weichbodenmatte wird als Viereck in eine Raumecke auf den Boden gelegt.
- Ein langes Tau wird in einer anderen Raumecke zu einem Kreis geformt.
- An der Sprossenwand werden zwei Seile zu einem Dreieck verbunden: In der Mitte der obersten Sprosse werden zwei Seil-Enden direkt nebeneinander als eine Dreieckspitze festgeknotet. Die beiden Seile werden als zwei Seiten des Dreiecks schräg nach unten geführt und an derselben Sprosse festgebunden, die die dritte Seite des Dreiecks darstellt.

Spielablauf

Die Kinder laufen im Bewegungsraum umher, bis sie ein Kommando hören, z. B.: *„Alle Kinder in den Kreis!"* Alle rennen in den Kreis; das zuletzt ankommende Kind setzt eine Runde aus oder gibt selbst in der nächsten Bewegungsrunde ein neues Kommando: *„Alle Kinder zum Dreieck!"* Rasch laufen die Kinder zur Sprossenwand und klettern hinauf. Oder: *„Alle Kinder aufs Viereck!"* Alle Kinder lassen sich auf die Weichbodenmatte fallen.
Hinweis: Bei diesem Spiel ist es wichtig, auf die korrekte sprachliche Formulierung der Aufgabenstellungen zu achten, weil sich schnell falsche Präpositionen einschleichen.

Varianten

- Auf dem **Spielplatz** finden sich ebenfalls viele Grundformen: das Dreieck im Dach des Spielhäuschens, das Rechteck im Sandkasten, der Kreis im Karussell …
- Die Formen werden mit Kreide auf den **Asphalt** gemalt oder in den **Sand** geritzt. Dann sollte die Formulierung immer lauten: *„Alle Kinder in das Dreieck / in den Kreis / in das Viereck!"*

Der Seher

Alter: 5–8 Jahre
Material: 1 große Glaskugel oder dicke Murmel

Die Kinder sitzen im Stuhlkreis. Jedes Kind wählt heimlich in Gedanken einen Gegenstand mit einer geometrischen Form im Raum aus.
Die Spielleitung übergibt einem der Kinder die Glaskugel. Das Kind hält die Kugel hoch und tut so, als ob es in ihr den gesuchten Gegenstand erblicken kann. Es fragt die Kinder auf geheimnisvolle Art:

Ich sehe was in meiner Hand,
dessen Form ist dir und mir bekannt.

Die Kinder stellen Fragen nach den Merkmalen des gesuchten Gegenstands, z. B.: *„Ist es ein Kreis? Ist es ein Quadrat? Ist es ein Dreieck? Ist der Gegenstand rot/grün/blau … Ist er besonders klein/groß?"* Das „Seher-Kind" beantwortet alle Fragen nur mit *„ja"* oder *„nein"*. Wer nach einigen Fragen glaubt, den Gegenstand zu kennen, darf seine Vermutung äußern.

Vier Jahreszeiten bringt die 4

Zauberspruch für die Vier

Material: CD „Vier Jahreszeiten“ von Antonio Vivaldi, Formenvorlage großes Quadrat (➜ S. 51), 1 Schachbrett, Zauberzylinder-Material (➜ S. 26)

Vorbereitung
Die Spielleitung legt die Vivaldi-CD und das Quadrat in den Zylinder, legt das Schachbrett neben sich auf den Boden und stellt die übrigen Zauber-Materialien bereit (➜ S. 26 f.).

Spielablauf
Die Kinder sitzen im Halbkreis vor der Spielleitung. Sie singt den Kindern das bekannte Lied von den vier Jahreszeiten vor:

Es war eine Mutter,
die hatte vier Kinder:
den Frühling, den Sommer,
den Herbst und den Winter.

Der Frühling bringt Blumen,
der Sommer den Klee.
Der Herbst, der bringt Trauben,
der Winter den Schnee.

Und wie sie sich schwingen
im Jahresreih'n,
so tanzen und singen
wir fröhlich darein.

Die Spielleitung fragt die Kinder, was das Lied wohl bedeutet. Wer ist die Mutter? (Das Jahr) Wer die vier Kinder? (Die Jahreszeiten)
Zusammen mit den Kindern spricht die Spielleitung den Zauberspruch:

Hokus, Pokus, eins, zwei, drei,
wir zaubern heut die vier Jahreszeiten herbei!

Sie nimmt die CD und das Quadrat aus dem Zylinder heraus und erzählt den Kindern, dass auf der CD Musik von den vier Jahreszeiten zu hören ist. Sie zeigt den Kindern das Quadrat und fragt, ob sie wissen, was für eine Form das ist (Viereck / Quadrat). Sie macht die Kinder auf die vier gleich langen Seiten aufmerksam und erklärt, dass „Quadrat“ der genaue Name dieser Vierecke ist. Die Spielleitung und die Kinder machen sich gegenseitig auf weitere Quadrate im Raum aufmerksam und betrachten das Schachbrettmuster.
Die Spielleitung spielt die Musik der „Vier Jahreszeiten“ leise ab und liest dazu die Geschichte vom Fest der vier Jahreszeiten (➜ S. 70).

Die Geschichte vom Fest der vier Jahreszeiten

Der Frühling, der Sommer, der Herbst und der Winter sind die vier Jahreszeiten. Die vier Jahreszeiten wohnen alle zusammen in der quadratischen Jahreshalle, die vier Seiten hat. Für jede Jahreszeit ist eine Seite bestimmt, damit das Jahr nicht durcheinander gerät und etwa der Winter gleich nach dem Sommer ins Land spaziert. Der quadratische Boden der Halle besteht aus einem Schachbrettmosaik aus lauter kleinen schwarzen und weißen Quadraten.
Die Jahreszeiten feiern das ganze Jahr hindurch das Fest der vier Jahreszeiten. Sie tanzen dazu einen Tanz im Quadrat, der „Quadrille" heißt. Bei der Quadrille bewegen sich die Vier aufeinander zu und verbeugen sich voreinander. Zur Musik der „Vier Jahreszeiten" dürfen der Frühling, der Sommer, der Herbst und der Winter schön ordentlich nacheinander nach einem genau festgelegten Ablauf tanzen. Wenn die Musik endet, ist während des Tanzes schon wieder ein Jahr vorübergegangen. Der Frühling, der Herbst, der Sommer und der Winter sind einmal vorbeigezogen und wieder an ihrer festen Seite in der Jahreshalle angekommen.
Damit wir uns auch an ihrem Fest erfreuen können und auf der Erde bemerken, wie die Vier miteinander tanzen, schicken sie die vier Winde zu uns aus. Diese bringen uns Grüße auf die Erde. Der Frühling schickt den Westwind aus, um uns die Frühlingsblumen zu bringen: die ersten Schneeglöckchen, Krokusse, Narzissen und Tulpen. Der Sommer schickt den Südwind aus, um uns etwas von der flimmernden Hitze der heißen Sommersonne, den Klee auf den Sommerwiesen, den weißen Sand vom Strand des Meeres und einige besonderes schöne Muscheln zu bringen. Der Herbst schickt den Ostwind auf die Reise, er soll uns saftige Trauben und einen großen Kürbis vom herbstlichen Feld bringen, bunte Blätter von den Bäumen herabwehen und unsere Drachen am Himmel tanzen lassen. Der Winter schickt den Nordwind aus, um viele Eisblumen auf unsere winterlich kalten Glasfenster zu zaubern und ganz viel Schnee auf die Erde zu bringen.

Varianten

Für die Einführung der Zahl Vier eignen sich zudem folgende Materialien und Spiele:

- Zahlen-Zauberschachtel mit Grundlagenmaterial (→ S. 17)
- Zahlen-Bilderbuch (→ S. 27)
- Kinder-Zählsteineschachtel (→ S. 24)
- Stationenspiel (→ S. 29)

Quadrille: Tanz im Quadrat

Alter: 5–8 Jahre
Material: Maßband, Schnur, Schere, Klebeband, CD „Vier Jahreszeiten" von Antonio Vivaldi

Vorbereitung

Die Spielleitung fragt die Kinder, ob diese schon einmal eine Quadrille getanzt haben. Sie erklärt den Kindern, dass sich die Tanzenden dabei zu einem Quadrat, also einem Viereck mit vier gleich langen Seiten, aufstellen.
Zusammen mit den Kindern markiert die Spielleitung ein 4 × 4 m großes Quadrat auf dem Boden. Sie rollt das Maßband aus und sucht zusammen mit einem Kind die Vier-Meter-Markierung heraus. Ein anderes Kind legt die Schnur an der Null an und hält sie dort fest. Das erste Kind rollt die Schnur ab bis zur Vier-Meter Markierung und schneidet sie dort ab. So schneiden die Kinder vier 4 m lange Stücke zurecht.
Mit diesen Schnüren legen die Kinder ein Quadrat auf den Boden und kleben die Schnüre an den Ecken mit Klebeband fest.

Spielablauf

Die Kinder bilden vier Paare und stellen sich im Quadrat gegenüber, jedes Paar auf einer Seite. Die Kinder tanzen zur Musik des Frühlings den ersten Teil der Quadrille. Die Spielleitung begleitet beim ersten Durchgang ein Kinderpaar als dritte Person in der Mitte:
Zwei der sich gegenüber stehenden Paare machen vier kleine Tanzschritte im Takt in die Mitte, verbeugen sich voreinander und zählen beim Verbeugen bis vier. Dann gehen sie wieder paarweise vier Schritte im Takt zu ihrer Ausgangsposition zurück. Nun tanzen die beiden anderen Paare in der gleichen Weise im Quadrat.
Beim Violinensolo stehen alle Kinder wieder im Quadrat und amen das Spiel auf einer Geige pantomimisch nach.
Am Ende wird der Anfang des Tanzes bis zum Violinsolo noch einmal komplett wiederholt.
Der Tanz endet, wenn alle wieder im Quadrat auf ihrer Ausgangsposition stehen mit einer gemeinsamen Verbeugung der Kinder.
Hinweis: Ist die Gruppe größer als acht Kinder, schauen die übrigen zu und applaudieren am Ende. Natürlich werden für eine zweite Runde die Rollen getauscht.

Variante

Mithilfe der Spielleitung überlegen sich die Kinder weitere Tanzformationen für Sommer, Herbst und Winter. Zum Beispiel:

- Die Paare tauschen nach dem Verbeugen die Seiten statt auf den Ausgangsplatz zurückzukehren.
- Einzelne Partner tauschen im Takt der Musik ihre Plätze, sodass sich neue Paare ergeben.
- Alle vier Paare fassen sich an den Händen und tanzen im Seitgalopp einmal im Kreis herum ...

Jahreszeitenbilder

Alter: 4–6 Jahre
Material: DIN-A4-Papier, Wasserfarben, Pinsel, Malunterlagen

Die Kinder lernen gemeinsam das Lied: „Es war eine Mutter, die hatte vier Kinder" (➜ S. 69).
Können alle das Lied auswendig singen, fragt die Spielleitung nach: *„Wie heißen die vier Jahreszeiten? Was bringt der Frühling und was der Sommer? Was bringt der Herbst und was der Winter?" Wie mögen die einzelnen Jahreszeiten wohl aussehen? Welche Farben passen eurer Meinung nach zu welcher Jahreszeit?"*
Die Kinder malen zum Liedtext ein Wasserfarbenbild mit allen vier Jahreszeiten.
Am Ende kommen alle im Stuhlkreis zusammen und singen noch einmal das Lied. Wer mag, zeigt den anderen sein Bild und erklärt, was er gemalt hat. Die Kinder zählen gemeinsam laut nach: Sind alle vier Jahreszeiten zu sehen?

Vier sinnliche Düfte

Alter: 4–6 Jahre
Material: Schere, 4 jahreszeitliche Duftöle, 4 Watteбällchen, 4 Plastikdöschen (z. B. Filmdöschen); evtl. Buntstifte, Kinder-Zauberschachtel (➜ S. 18), Zahlen-Bilderbuch (➜ S. 27)

Vorbereitung

Die Spielleitung kopiert die Abbildung vergrößert auf DIN A4, schneidet das Jahres-Quadrat aus und laminiert es wenn möglich.
Die Watteбällchen beträufelt sie jeweils mit einem Duftöl und stellt sie in den vier Döschen bereit.

Spielablauf

Die Kinder schnuppern an den verschiedenen Duftwatteбällchen und vergleichen die Düfte miteinander. Woran erinnern sie die Düfte?
Die Spielleitung zeigt ihnen das Jahreszeiten-Quadrat, auf dem die Kinder die vier Symbole

Merkspruch für die Vier

Alter: 4–6 Jahre
Material: weißes DIN-A4-Papier, dicke Wachskreideblöcke, Ziffernbild der Vier (➔ S. 23)

aus dem Lied „Es war eine Mutter, die hatte vier Kinder" (➔ S. 69) wieder erkennen.
Sie ordnen die Düfte dem Jahreszeiten-Quadrat zu. Die Spielleitung fragt die Kinder, wie diese sich den Duft der einzelnen Jahreszeiten vorstellen und lässt sie ihre Vorstellung beschreiben: Der Frühling riecht vielleicht nach Erde und Blumen, der Sommer nach Salz, Meer und Sonnencreme, der Herbst nach Äpfeln und Birnen und der Winter nach Tannenzweigen und Bratäpfeln.

Variante

Die Spielleitung kopiert das Jahreszeiten-Quadrat für jedes Kind einmal zum Ausmalen. Wer möchte, legt das Bild in seine Kinder-Zauberschachtel (➔ S. 18) oder klebt es in sein „Zahlen-Bilderbuch" (➔ S. 27).

Die Kinder schreiben entsprechend dem Schreibbewegungsablauf auf dem Ziffernbild mit den Wachskreiden die Ziffer Vier in vier verschiedenen Farben, sodass sie am Ende eine dicke Ziffer Vier aus vier bunten Linien nebeneinander stehen haben. Sie sprechen dabei langsam den folgenden Merkspruch und betonen die drei Silben jeder Zeile. Für jede Silbe ziehen sie eine Linie der Vier.

Ich mal mir
eine Vier
aufs Papier:
Schau mal, hier!

Varianten

Alternativ eignen sich für das Erlernen des Schreibbewegungsablaufs der Vier die Spielformen aus den Stationen zur Drei, zur Sieben und zur Zehn (➔ S. 29ff.).

Wie heißt die nächste Zahl?

Die Zahlbegriffkenntnis

Um eine Zahl erfassen zu können, benötigen Kinder gesicherte Kenntnisse sowohl von den vorausgehenden wie auch von den folgenden Zahlbegriffen. Sie wissen, dass jede Zahl einen um eins kleineren Vorgänger und einen um eins größeren Nachfolger hat.
Um dieses Wissen zu erlangen, üben sie die Zahlbegriffe immer wieder in einer festen Reihenfolge aufzusagen wie das Sprechen eines Gedichts oder das Erlernen neuer Worte in einer fremden Sprache. Sie verbinden dabei die Zahlbegriffe noch nicht unbedingt mit dem Abzählen ihrer Finger oder einer Reihe von Gegenständen, sondern wiederholen die Zahlworte allein in der geordneten Reihenfolge. Erst durch viele Erfahrungen, die wir hier durch zahlreiche Spiele ermöglichen, üben und verinnerlichen Kinder ein systematisches Zählschema: Sie lernen, beim Benennen der Zahlwörter auf ein bestimmtes Objekt zu zeigen und wissen, dass dieses Objekt nur einmal gezählt wird (vgl. auch „Die Eins-zu-eins-Zuordnung und der Mengenvergleich“ S. 100ff.).
Im Vorschulalter kennen die Kinder gewöhnlich die Zahlwörter bis zur Zehn sicher und können diese in der korrekten Reihenfolge aufsagen. Sie sind ebenso in der Lage, das Zahlwort vor und das Zahlwort nach einer bestimmten Zahl zwischen eins und zehn zu benennen. Etwa zwei Drittel der Kinder im Alter von sechs Jahren zählen bereits bis zwanzig und kennen die Namen der Zehnerzahlen in der Zahlenreihe bis hundert sicher. Im Alter von fünf und sechs Jahren gelingt es Kindern in der Regel, von einer Zahl zwischen fünf und zehn weiter vorwärts zu zählen oder die komplette Zahlenreihe von zehn an rückwärts aufzusagen.

Zähl, was du kannst!

Alter: 5–6 Jahre

Die Spielleitung stellt dem Kind nacheinander mehrere Aufgaben:

+ *„Zähle so weit du kannst und beginne bei der Eins!“*
+ *„Kannst du schon den Raketenstart? Zähle von zehn an rückwärts!“*
+ *„Zähle von fünf* (drei, sieben) *weiter vorwärts!“*

Für jede Aufgabe lässt sie dem Kind so viel Zeit, wie es braucht. Weiß das Kind eine weitere Zahl nicht gleich, wartet sie zunächst ab, ob es von selbst darauf kommt, und hilft ihm erst dann mit der nächsten Zahl aus. Dazu kann sie, statt den Namen der Zahl zu nennen, mit ihren Fingern die nächste Zahl anzeigen.
Weiß ein Kind drei Zahlen hintereinander nicht, stellt sie ihm die nächste Aufgabe.

Beobachtungsauftrag
Die Spielleitung beobachtet die Zählweise des Kindes und notiert sie:

+ Welche Zahlen in der Zahlenreihe sind bereits gefestigt?
+ Beherrscht das Kind die komplette Zahlenreihe von eins bis zehn sicher?
+ Kann das Kind schon über zehn hinaus zählen? Wie weit?
+ Nimmt das Kind beim Zählen seine Finger zu Hilfe?

Der zählende Hut

Alter: 5–8 Jahre
Material: 1 Hut

Die Kinder sitzen im Stuhlkreis, in der Mitte liegt ein Hut. Die Spielleitung erzählt den Kindern: *„Ich habe euch heute einen ganz besonderen Hut mitgebracht: Mit dem auf dem Kopf kann jeder ein Stückchen weiter zählen als sonst. Wir lassen jetzt den Hut in unserem Kreis wandern. Jeder, der den Hut erhält, soll von eins an vorwärts zählen so weit er kann!"*
Sie nimmt den Hut und setzt ihn einem Kind auf, das gerne beginnen möchte. Während das Kind zählt, sind alle anderen mucksmäuschenstill und verfolgen, ob der Hut auch wirklich die richtigen Zahlen vorgibt. Niemand sagt eine Zahl ein oder redet dazwischen! Weiß das Kind nicht mehr weiter, ruft es einfach: *„Der Hut zählt nicht weiter, stopp!"* Es reicht den Hut an seinen Nachbarn weiter, der von neuem mit dem Zählen beginnt.
Wer von den Kindern wird am Ende „Zahlenhut-MeisterIn"?

Varianten

- Die Kinder benennen nacheinander immer nur die nächst größere Zahl in der Zahlenreihe und setzen den Hut sofort dem nächsten Kind auf den Kopf. Wie weit schafft es die Gruppe zu zählen? Weiß ein Kind nicht weiter, ruft es: *„Der Hut zählt nicht weiter, stopp!"* und wiederholt die zuletzt genannte Zahl noch einmal. Es gibt den Hut an das nächste Kind weiter, das die Zahlenreihe fortsetzen kann.
- **Schulkinder** zählen in Zweier-, Fünfer- oder Zehner-Schritten.
- Das Spiel ist auch zur **Einmaleins-Einführung** geeignet: Die Kinder zählen die Zweier-, Dreier-, Viererreihe usw. des kleinen Einmaleins' auf.

Der Vampir ist los!

Alter: 4–8 Jahre
Material: 1 Bodenmatte oder Decke, große Schaumstoffbausteine oder Kissen

Der Vampir wird ausgezählt mit:

Eins, zwei, drei, vier,
wer wird heute zum Vampir?

Der Vampir legt sich auf die Bodenmatte oder eine Decke. Er wird von den anderen Kindern mit Schaumstoffbausteinen oder Kissen in seine „Gruft" eingebaut. Dort muss er ausharren, bis die zwölfte Stunde schlägt.
Die übrigen Kinder stehen im Kreis um die Gruft herum. Sie fassen sich an den Händen, gehen auf Armlänge auseinander und lassen ihre Hände los. Gemeinsam sprechen sie: *„Die Uhr schlägt eins!"* Dazu breiten sie ihre Arme aus und schlagen bei *„eins"* ihre Hände einmal über dem Kopf zusammen. So zählen sie die Uhrschläge fort: *„Die Uhr schlägt zwei! Die Uhr schlägt drei ..."* Beim elften und zwölften Schlag der Uhr lassen die Kinder ihre Stimme gruselig klingen, und sobald der letzte Schlag der Zwölf verklungen ist, bricht der Vampir aus seiner Gruft heraus und fängt eines der Kinder, die vor ihm weglaufen. Keiner darf vor dem zwölften Schlag fortlaufen!
Das gefangene Kind wird ebenfalls zum Vampir und lässt sich für die nächste Runde neben seinem Vorgänger in die Gruft einbauen. Nach dem zwölften Schlag darf jeder Vampir ein weiteres Kind fangen, sodass die Gruft entweder bald vergrößert oder wegen Überfüllung geschlossen werden muss und eine neue Spielrunde mit *einem* Vampir beginnt.

Mit einem Knall ein Überfall

Alter: 4–6 Jahre
Material: 1 Papiertüte

Die Kinder sitzen im Kreis auf dem Boden und sehen sich an. Die Spielleitung steht außerhalb des Kreises und bläst die Papiertüte auf. Die Kinder zählen gemeinsam laut von zehn an rückwärts: *„Zehn, neun, acht … null!"* Bei *„null"* bringt die Spielleitung die Papiertüte mit einem Knall zum Platzen. Alle Kinder springen mit Gebrüll hoch und versuchen die Spielleitung zu fangen.

SprengmeisterInnen

Alter: 4–8 Jahre
Material: viele große Pappkartons oder Schaumstoffbausteine

Die Kinder bauen aus Schaumstoffbausteinen oder vielen Pappkartons eine Mauer. Der Sprengmeister wird ausgezählt mit:

Eins, zwei, drei, vier Mauerstein,
wer wird gleich Sprengmeister sein?
Fünf, sechs, sieben, acht,
sprengt die Mauer, bis sie kracht!
Neun und zehn:
Das woll'n wir seh'n!

Das erste Sprengmeister-Kind hält sich im Abstand von einigen Metern vor der Mauer bereit. Die Spielleitung und die übrigen Kinder gehen hinter einer vereinbarten Linie in Deckung und zählen laut den Countdown bis zur Sprengung: *„Zehn, neun, acht … null!"* Bei *„null"* stürmt das Sprengmeister-Kind vor und bringt die Mauer mit einem gewagten Sprung mitten hinein zum Einsturz. Wie viele Mauerteile hat es zu Fall bringen können? Die Kinder zählen die umgestürzten Teile gemeinsam nach.
Ein neues Sprengmeister-Kind wird ausgezählt und die Mauer wieder von allen Kindern aufgebaut. Welcher Sprengmeister hat es am Ende geschafft, die meisten Mauerteile zum Einsturz zu bringen?

Meine 5 Finger zeige ich dir

Zauberspruch für die Fünf

Material: Zauberzylinder-Material (➜ S. 26), Formenvorlage Pentagramm und Pentagon (➜ S. 52)

Vorbereitung
Die Spielleitung versteckt die Formenvorlage des Pentagramms im Zylinder, legt die Pentagon-Form neben sich und stellt alle Zauber-Materialien bereit.

Spielablauf
Die Spielleitung stellt den Kindern ein Rätsel: Was hat fünf Zacken, schmückt zur Weihnachtszeit dein Fenster und leuchtet hell?
(Ein Stern)
Die Kinder und die Spielleitung zaubern gemeinsam mit dem folgenden Zauberspruch den Stern aus dem Zylinder:

Hokus, Pokus, eins, zwei, drei,
wir zaubern heut einen Stern herbei.

Sie betrachten den Stern und zählen die fünf Zacken. Die Spielleitung nennt den Kindern den griechischen Namen für den Stern: „Pentagramm“. Sie macht die Kinder auch auf die Form des Fünfecks in der Mitte des Sterns aufmerksam und holt die Pentagon-Form hervor. Die Kinder vergleichen die beiden Formen, zählen die fünf Seiten und Ecken die Pentagon-Form und noch einmal die fünf Zacken des Pentagramms. Sie erfahren, dass der Name für das Fünfeck „Pentagon“ ist.
Die Spielleitung liest den Kindern die Geschichte vom Zauberstern vor.
Hinweis: Je nach Vorwissen und Nachfragen der Kinder ergänzt die Spielleitung, dass in der Hauptstadt der USA, in Washington, das Regierungsgebäude in Form eines Fünfecks gebaut ist und deshalb „Pentagon“ heißt.

Die Geschichte vom Zauberstern

Es war einmal ein Junge, der wohnte zusammen mit seinen Eltern weit weg von hier in einem fernen Land in der Nähe eines großen Gebirges. Der Junge half seinen Eltern bei der Arbeit auf ihrem kleinen Bauernhof. Er mochte die Arbeit mit den Tieren, und besonders gut gefiel es ihm, mit seiner Mutter im Garten Kräuter und Blumen zu pflanzen und zu pflegen. Der Junge hatte sich angewöhnt mit den Tieren und Pflanzen zu sprechen. Am liebsten verbrachte er seine Zeit bei den Schafen auf den nahen Bergwiesen. Manche Nacht schlief er bei den Tieren, damit diese die saftigen Gräser und Kräuter der weiter oben auf dem Berg gelegenen Wiesen abweiden konnten.
Eines Nachts war er wieder einmal bei den Schafen auf einer Sommerwiese weit oben am Berghang geblieben. Er kuschelte sich in seine dicke Wolldecke, denn die Nächte auf dem Berg waren kühl und frisch. Der Wind ließ die Gräser leise rascheln und strich ihm dabei sanft durch seinen Haarschopf. Der Junge lag auf dem Rücken und betrachtete den dunklen Nachthimmel. Der Mond war schon aufgegangen und schien voll und rund auf ihn herab. Nach und nach erfüllten immer mehr Sterne mit ihrem hellen Glanz den Himmel. Es war eine besonders klare Nacht, kaum ein Wölkchen verdunkelte den Mond und die Sterne über ihm.
Ein Stern hatte es dem Jungen besonders angetan: Er war größer als die anderen Sterne und stand weit im Westen. Sein besonderer Glanz und sein helles Licht nahmen die Augen des Jungen gefangen. Er konnte sogar die Zacken des Sterns erkennen. Sie erinnerten ihn an die fünfzackige Form eines Seesterns, den ihm sein Vater einmal von einer Reise zum Meer mitgebracht hatte. Er zählte die Zacken: eins, zwei, drei, vier, fünf, und bemerkte die silbernen Linien, mit denen die Zacken verbunden waren. Die Linien schienen die fünf Zacken miteinander zu verweben und traten immer deutlicher hervor. Ihr heller Glanz brannte sich in das Gedächtnis des Jungen ein, bevor er in einen tiefen Schlaf fiel. Der Junge träumte, er hielte einen Draht aus reinem Silber in seinen Händen. Diesen bog er nach der Form der Sternlinien, die er im Gedächtnis behalten hatte. Am Ende wurde daraus ein wunderschöner fünfzackiger Stern aus feinen Silberlinien.
Als er am Morgen erwachte, hielt er den Stern fest umschlossen an seine Brust gedrückt. Der Junge betrachtete die feinen silbernen Linien, die von einer Zackenspitze zur nächsten führten. Da hörte er mit einem Mal eine Stimme neben sich, die ihm einen guten Morgen wünschte. Verwundert sah er sich um, aber außer ihm und seinen Schafen war niemand auf der Sommerweide zu sehen. Da stupste ihn von hinten ein sanftes Maul am Nacken: „Na, endlich ausgeschlafen, Kleiner?“, fragte die Stimme hinter ihm. Der Junge drehte sich um und sah seinem Lieblingsschaf in die treuen Augen.
„Hast du eben mit mir gesprochen?“, fragte er sein Schaf. „Natürlich, wer sonst?“, erwiderte es. „Ich kann plötzlich deine Stimme hören!“, wunderte sich der Junge. „Das liegt an dem Zauberstern in deiner Hand“, erklärte ihm das Schaf. „Mit seiner Hilfe kannst du alle Tiere sprechen hören, du musst ihn nur berühren.“
Der Junge war erstaunt, freute sich aber über das überraschende Geschenk. Er knüpfte den Stern an ein Lederband und trug ihn fortan auf seiner Brust. Mit seiner Hilfe konnte der Junge alle Tiere und ihre Sprache verstehen. Er hörte, was sie zu ihm sagten oder worüber sie sich miteinander unterhielten. Der Junge entdeckte bald, dass er auch die Sprache der Pflanzen verstehen und mit ihnen sprechen konnte. So kannte er nach kurzer Zeit alle Geheimnisse ihrer Kräfte und lernte sie zu gebrauchen. Aus vielen Pflanzen stellte er Arzneien gegen die Krankheiten der Tiere und Menschen her.

Bald wurde er als kluger Heiler bekannt, den die Leute aus seinem Dorf und sogar der weiteren Umgebung gern um Hilfe baten oder um Rat fragten. Selbst der junge König des Landes hörte eines Tages von ihm und seiner Weisheit, und holte ihn als Freund und Ratgeber an den Hof. Weil der Junge dachte, dass es auch einem König nicht schaden könne, die Stimme der Tiere und Pflanzen zu verstehen, unterwies er ihn in seiner Kunst.
Ach, ihr wollt wissen, welchen Namen der Junge trug? Wenn ich mich recht erinnere, war sein Name „Merlin".

Hinweis: Die Geschichte ist frei erfunden, die Namens-Analogie zum Magier Merlin aus der Artussage, der mit Tieren sprechen konnte und sein Wissen an den jungen König Artus weitergab, aber beabsichtigt.

Varianten

Für die Einführung der Zahl Fünf eignen sich zudem folgende Materialien und Spiele aus dem Grundlagenkapitel:

- Zahlen-Zauberschachtel mit Grundlagenmaterial (➜ S. 17)
- Zahlen-Bilderbuch (➜ S. 27)
- Kinder-Zählsteineschachtel (➜ S. 24)
- Stationenspiel (➜ S. 30).

Sternenreime

Alter: 5–8 Jahre
Material: Schere, Wachskreiden

Vorbereitung
Die Spielleitung kopiert die Sternenvorlage des Pentagramms (➜ S. 52) für jedes Kind einmal und schneidet sie aus.

Spielablauf
Die Kinder fahren mit Wachskreiden die fünf Linien des Sterns nach und sprechen dazu die fünf folgenden Reime. Zu jeder Silbe machen sie einen Strich:

Leuchtest hell, mein Stern,
seh' dich ja so gern.

Leuchtest in der Nacht,
hast mir Mut gemacht.

Mit fünf Strichen hier,
schenk ich Zacken dir.

Zeichne dich im Nu:
Pentagramm heißt du!

Deine Linien sei'n
heut mein Glück allein!

Im Land der fünf Sinne

Alter: 4–6 Jahre
Material: Schere, 1 großes Tastsäckchen, Fläschchen mit Duftöl, kleines Glöckchen, Lupe, ein Stück Kunstfell, 1 Packung Gummibärchen

Vorbereitung
Die Spielleitung kopiert die obere Abbildung auf S. 81 vergrößert, schneidet die fünf Bilder einzeln aus und laminiert sie wenn möglich. In das Tastsäckchen füllt sie Duftöl, Glöckchen, Lupe, Fell und Gummibärchen.

Spielablauf
Die Kinder sitzen im Halbkreis vor der Spielleitung. Sie legt die fünf Bildkarten zu einer Reihe von links nach rechts nebeneinander vor den Kindern ab, damit sie die Symbole für die fünf Sinne betrachten können. Die Spielleitung gibt vor: *„Das ist ein Mund und eine Zunge, damit kann ich schmecken."* Sie zeigt auf das nächste Bild in der Reihe und beginnt den Satz: *„Das ist eine Nase, damit kann ich …"* Die Kinder beenden den Satz: *„… riechen"*. So werden alle Bilder und deren Bedeutung benannt.
Ein Kind erhält das Tastsäckchen und darf eines der Dinge herausnehmen. Was hat es da entdeckt, und zu welchem Bild könnte es passen? Vier weitere Kinder holen nacheinander die anderen Materialien heraus und probieren sie aus: Sie riechen am Duftöl, läuten das Glöckchen, schauen durch die Lupe, lutschen ein Gummibärchen und betasten das weiche Fell. Die Kinder ordnen die Materialien den Bildkarten für die fünf Sinne zu.

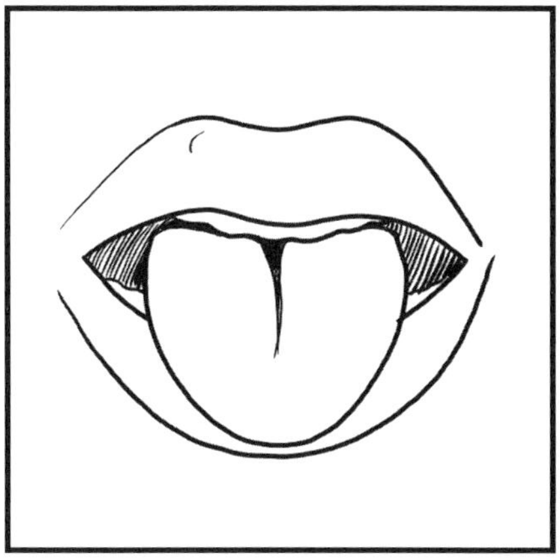

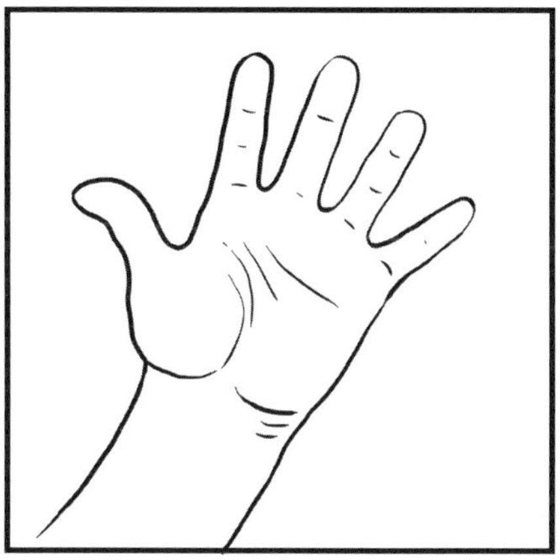

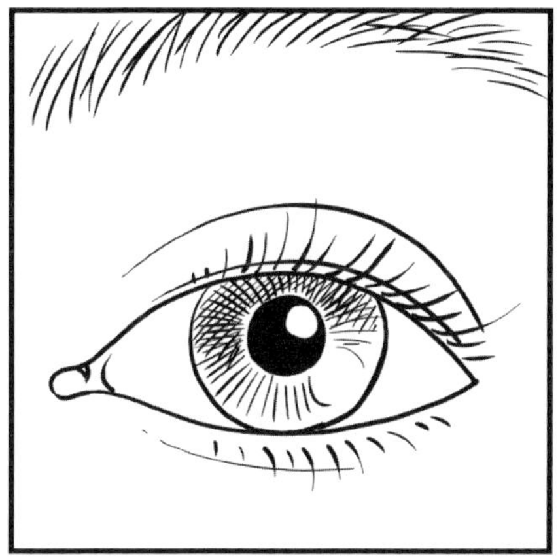

Glassteine-Pentagon

Alter: 4–6 Jahre
Material: 25 Glassteine pro Kind

Vorbereitung
Die Spielleitung kopiert das Pentagon von S. 52 auf DIN A3 vergrößert einmal pro Kind.

Spielablauf
Die Kinder legen mit den Glassteinen den Umriss des Pentagons auf ihrer Mustervorlage nach. Dabei zählen sie für jede der fünf Linien fünf Glassteine ab und legen sie auf einer Linie nebeneinander.

Merkspruch für die Fünf

Alter: 4–6 Jahre
Material: weißes DIN-A4-Papier, dicke Wachskreideblöcke, Ziffernbild der Fünf (➜ S. 23)

Entsprechend dem Schreibbewegungsablauf auf dem Ziffernbild schreiben die Kinder mit den Wachskreiden die Ziffer Fünf zum folgenden Merkspruch. Sie wiederholen den Spruch viermal und zählen am Ende auf ihrem Blatt nach, ob sie wirklich fünf Fünfen geschrieben haben.

Erst ein Strich nach unten,
mit dem Bauch verbunden.
Zuletzt ein Strich – pass auf:
wie ein Deckel drauf!
Von links nach rechts dort oben
wird er schnell gezogen.

Variante
Wenn die Orientierungshilfen „Sonne“ und „Mond“ (➜ S. 43) bekannt sind, kann der Vers auch wie folgt gesprochen werden:

Erst ein Strich nach unten,
mit dem Bauch verbunden.
Zuletzt ein Strich – pass auf:
wie ein Deckel drauf!
Von der Sonne bis zum Mond,
damit auf der Fünf er thront!

Von winzigklein bis riesengroß

Die Seriation und Zuordnung

Schon sehr früh können Kinder verschiedene Größen von Gegenständen erkennen und Dinge entsprechend ihrer Größe von klein nach groß zu logischen Reihen anordnen. Sie können eine bestehende Reihenfolge erkennen, z.B. eine Musterfolge aus bunten Glassteinen, und diese fortsetzen. Diese Fertigkeit zur Seriation ermöglicht es ihnen, Dinge, die aus einer Reihe herausgenommen wurden, wieder an die entsprechende Stelle einzufügen. Sie können Reihen ergänzen und Dinge in bestehende Reihen einordnen.

Für serielles Denken sind sprachliche Voraussetzungen, wie sie im Bereich der Klassifikation geübt werden (➜ S. 67ff.), unabdingbar. Sie werden durch Übungen zur Seriation weiter differenziert, z.B. üben Kinder beim Vergleichen verschieden hoher Gegenstände die seriellen Begriffe: „hoch“, „höher“, „noch höher“, „der höchste“, „der allerhöchste“. Sie lernen die seriellen Gesetzmäßigkeiten von Zahlen, dass z.B. jede Zahl in der Zahlenreihe einen um eins kleineren Vorgänger und einen um eins größeren Nachfolger hat. Sie lernen fehlende Zahlen einzuordnen und von einer bestimmten Zahl an weiterzuzählen oder Ordnungszahlen wie „Erster“, „Zweiter“, „Dritter“ zu benennen.

Von klein nach groß

Im Alter von fünf und sechs Jahren sollten Kinder mind. fünf verschiedene Größen unterscheiden, benennen und seriell anordnen können. Sie sollten in der Lage sein, in eine bestehende Reihe von vier Größen ein fünftes Element an die entsprechende Stelle einzufügen. Die Steigerungsformen „klein“, „größer“, „noch größer“, „größte“, „am größten“ oder „allergrößte“ sollten bekannt sein und ergänzt werden können.

Alter: 5–6 Jahre
Material: 5 ineinander steckbare Frischhaltedosen mit Deckel

Vorbereitung
Die Spielleitung entfernt die Deckel von den Frischhaltedosen und legt sie als Stapel beiseite. Der Deckel der mittelgroßen Dose liegt obenauf. Die Dosen werden unsortiert für die erste Aufgabe bereitgestellt.

Spielablauf
Das Kind erhält nacheinander verschiedene Aufgaben:

- Es ordnet die Dosen nach ihrer Größe: von klein nach groß oder von groß nach klein.
- Die Spielleitung fragt das Kind, welches die kleinste Dose ist und welches die größte und lässt sie sich vom Kind zeigen.

- Sie deutet auf die kleinste Dose und sagt: *„Diese Dose ist klein“*. Sie deutet nacheinander auf die drei folgenden Dosen und sagt jeweils: *„Diese Dose ist groß.“* – *„Diese Dose ist größer.“* – *„Diese Dose ist noch größer.“* Sie deutet auf die größte Dose in der Reihe und beginnt den Satz: *„Diese Dose ist die ...“* Das Kind vervollständigt den Satz: *„... die größte / die allergrößte.“*
- Die Spielleitung holt den Deckelstapel hervor. Sie nimmt den oben liegenden mittelgroßen Deckel herunter und legt die übrigen vier Deckel nach Größen sortiert eng nebeneinander. Den mittleren Deckel legt sie direkt vor das Kind und fordert es auf, den Dosendeckel in die bestehende Reihe einzuordnen.
- Zuletzt ordnet das Kind jeder Dose den passenden Deckel zu und legt ihn obenauf oder verschließt die Dosen damit.

Hinweis: Im Handel gibt es dekorative Pappschachtelsätze mit leicht verschließbaren Deckeln, die sich sehr gut für das Beobachtungsspiel und natürlich auch für viele andere Spiele oder als Aufbewahrungsdosen eignen.

Beobachtungsauftrag

- Kann das Kind die Dosen nach der Größe ordnen?
- Kann es die kleinste und die größte Dose zeigen?
- Benennt es die Steigerungsform „größte“ oder „allergrößte“ von sich aus?
- Kann es den mittleren Dosendeckel in die bestehende Reihe einfügen?
- Gelingt es ihm, jeder Dose den passenden Deckel zuzuordnen?

Wer tanzt aus der Reihe?

Alter: 5–8 Jahre
Material: Bewegungsmusik; evtl. Memobilder, Fingerbilder, Zahlenkarten, Zählstreifen (→ S. 20 ff.)

Je fünf Kinder werden zu einer Gruppe eingeteilt. Jede Gruppe wird aufgefordert, sich von klein nach groß aufzustellen. Das Ergebnis der Aufstellung wird vom kleinsten Kind jeder Gruppe überprüft. Es stellt ggf. noch Kinder um und ordnet sich zuletzt selbst in seine Gruppe ein.
Jedes Kind in der Reihe bekommt einen neuen Namen. Das kleinste Kind in der Gruppe heißt nun: „Klein“, das nächst größere heißt: „Größer“, das nächst größere: „Nochgrößer“, das nächst größte: „Groß“ und das größte: „Allergrößte“ oder „Allergrößter“. Sollten sich gleich große Kinder in der Gruppe befinden, stellen sich die beiden nebeneinander und das rechte Kind in der Reihe heißt dann: „Gleichgroß“.
Die Spielleitung stellt die Musik an. Die Kinder lösen sich aus ihrer Reihe und bewegen sich durch den Raum. Wenn sie einem anderen Kind begegnen, begrüßen sie sich und stellen sich gegenseitig mit ihren neuen Namen vor: *„Guten Tag, ich heiße Klein!“ – „Guten Tag, mein Name ist Allergrößte“*. Sobald die Musik stoppt, bilden die Gruppen rasch wieder ihre Reihe und rufen nacheinander von klein nach groß ihre neuen Namen. Welche Gruppe steht als erste wieder in der richtigen Reihenfolge und hat den letzten Namen gerufen?

Variante

Die Kinder werden in vier Gruppen aufgeteilt. Jede Gruppe erhält ein Grundlagenmaterial: Memobilder, Fingerbilder, Zahlenkarten oder Zählstreifen.
Die Kinder jeder Gruppe stellen sich in einer beliebigen Reihenfolge nebeneinander auf. Jede Gruppe zählt von eins angefangen einmal durch,

sodass jedes Kind eine Merkzahl bekommt. Es sucht aus dem Grundlagenmaterial sein Mengen- oder Zahlenbild entsprechend seiner Merkzahl heraus und behält es als „Namensschild" in der Hand. Der Spielablauf ist der gleiche wie vorher. Welche Gruppe hat am schnellsten wieder ihre Zahlenreihe gebildet und die Zahlen-Namen gerufen?

Zähl weiter!

Alter: 5–8 Jahre
Material: 1 Glasflasche

Die Kinder sitzen im Kreis, in dessen Mitte die Flasche bereitliegt. Die Spielleitung sagt laut: *„Eins, zwei"* und dreht die Flasche wie beim Flaschendrehen. Das Kind, auf das die Flasche zeigt, setzt die Zahlenreihe um zwei Schritte fort: *„Drei, vier"*, bevor es selbst die Flasche erneut dreht usw.
Geübte Zähler setzen die Zahlenreihe bis zwanzig oder darüber hinaus fort. Weiß ein Kind nicht weiter, wiederholt es die Zahlen seines Vorgängers und dreht die Flasche erneut.

Die Hexe hext die 6 dazu

Zauberspruch für die Sechs

Material: Buntstifte, Schere, Klebstoff,
1 schwarzer Tonkarton DIN A5 pro Kind,
Formenvorlagen Hexagramm und Hexagon
(→ S. 52), Zauberzylinder-Material (→ S. 26)

Vorbereitung

Die Spielleitung kopiert die Mandala-Vorlage von einmal pro Kind und für sich selbst.
Ihre eigene Vorlage malt sie wie in der „Geschichte von der Hexe Mandala" beschrieben aus. Sie schneidet das Mandala aus, klebt es auf einen schwarzen Tonkarton und gibt das Bild in den Zylinder.
Die Formenvorlagen des Hexagons und des Hexagramms legt sie neben sich bereit.

Spielablauf

Die Spielleitung stellt den Kindern das folgende Rätsel und zeigt ihnen zur Lösung das Hexagon: *„Was ist das: Eine Kammer im Haus der Bienen mit sechs Wänden zum Aufbewahren ihres Honigs?"* (Die Bienenwabe)

Die Spielleitung erklärt den Kindern, dass eine solche Bienenwabe die Form eines Sechsecks hat, das „Hexagon" heißt. Sie zeigt den Kindern den sechszackigen Stern, sie zählen die Zacken und lernen den Namen „Hexagramm". Die Spielleitung fragt die Kinder, ob sie die Form der Bienenwabe im Innern des Sterns wiederentdecken und legt das Hexagon auf das Sechseck in der Mitte des Sterns auf.
Die Spielleitung erklärt den Kindern, dass sie heute ein Bild mit diesen Formen, das „Mandala" heißt, aus dem Zylinder zaubern werden:

Hokus, Pokus, eins, zwei, drei,
wir zaubern heut ein Mandala herbei.

Die Kinder betrachten das Mandalabild und vergleichen und benennen dessen Formen darin mit den Vorlagen. Die Spielleitung liest den Kindern die Geschichte von der Hexe Mandala vor.

Die Geschichte von der Hexe Mandala

Die Hexe Mandala hatte von den anderen Hexen zu ihrem sechshundertsechsundsechzigsten Geburtstag ein besonderes Geschenk erhalten: Einen neuen Ledereinband für ihr inzwischen schon recht abgegriffenes Zauberbuch. Auf dem Ledereinband war ein sechszackiger Stern im Inneren eines Kreises zu sehen. Das Zeichen des Hexagramms gefiel der Hexe Mandala sehr gut. Die anderen Hexen hatten ihm eigens eine Zauberkraft verliehen: Es sollte sie von nun an vor allem Bösen beschützen, besonders aber vor dem Feuer. Die Hexen gaben Mandala den Rat, den sechszackigen Stern in seinem runden Kreis mit Zauberfarbe auszumalen. So würde er seine Kraft besser entfalten können.
Den ganzen Tag dachte Mandala darüber nach, welche Farben die richtigen zum Ausmalen des Hexagramms wären, das nun ihr altes Zauberbuch schmückte. Es war ihr sehr wichtig, den Stern, der aus zwei sich überschneidenden Dreiecken bestand, mit besonders schönen Farben auszumalen. „Ich werde erst einmal meine Lieblingsfarbe verwenden", überlegte die Hexe. Den Kreis im Hintergrund füllte sie deshalb mit dem dunklen Blau des Meeres und verlieh ihm so die Kraft des Wassers. „Ein wenig Magie kann nicht schaden", dachte sie, und mischte etwas Nachtblau und ein wenig Sonnengelb in einem Hexentöpfchen zusammen. „So grün wie die Farbe meiner Augen, das vertreibt jeden Schrecken!" Mit dem Grün färbte sie die sechs kleinen Dreiecke ein, die die Spitzen des Sterns bildeten. Für das Sechseck in der Mitte nahm sie einen warmen, rotorangefarbenen Kupferton, der ein wenig an das Feuer erinnern sollte, vor dem sie das Hexagramm hoffentlich beschützen würde. „Jetzt sieht die Mitte aus wie eine Bienenwabe, gefüllt mit goldenem Honig!" dachte Mandala. Sie fühlte ein kraftvolles Prickeln durch ihre Hände laufen, als sie zufrieden das Bild des Hexagramms betrachtete. Jetzt war es soweit: Sie hatte den neuen Einband für ihr Zauberbuch fertig gestellt! Rasch war er um das alte Buch gebunden. Die ganze Arbeit hatte die Hexe Mandala allerdings schon etwas schläfrig werden lassen. „So ein Hexenschläfchen käme mir jetzt gerade recht", dachte sie, legte ihr schönes Zauberbuch neben sich aufs Kopfkissen – und war auch schon eingeschlafen.
Darauf hatte der Schlechtwetterkobold in einer dunklen Wolke über ihrem kleinen Hexenhaus nur gewartet. „Endlich schlummert die Hexe Mandala. Jetzt lass ich es erst einmal richtig krachen!" Er ließ einen kräftigen Wind wehen, bei dem die Fensterläden des Hexenhäuschens ordentlich rumpelten und pumpelten. Nun wollte der Schlechtwetterkobold die Hexe mit Donner und Blitz aufwecken und aus dem Schlaf reißen. Gesagt – getan. Er ließ es so laut donnern, dass die Hexe Mandala wirklich aus ihrem

Schlaf erwachte und sich verwundert die Augen rieb. „Was für ein Lärm!“, dachte sie. „Ob mir der Schlechtwetterkobold wohl einen üblen Streich spielen will? Na, da hat er die Rechnung ohne mein neues Zauberbuch-Bild gemacht!“
Gerade als der Schlechtwetterkobold dem Donner noch einen Blitz hinterherschicken wollte und die Luft schon gefährlich knisterte, nahm Mandala ihr Buch zur Hand und strich behutsam über das Hexagramm. „Das vertreibt jeden Schrecken und beschützt mich sogar vor Blitz und Donner“, sagte sie dabei zu sich selbst. Und wahrhaftig: Der Blitz konnte nicht in ihr Haus einschlagen und suchte sich stattdessen die alte Eiche am Waldesrand aus, um sein Feuer loszuwerden. Da gab der Schlechtwetterkobold auf: „Das macht ja keinen Spaß“, schimpfte er vor sich hin und zog in seiner großen, dicken Gewitterwolke von dannen. Die Hexe Mandala merkte davon nichts mehr, denn sie war mit ihrem Zauberbuch im Arm schon wieder eingeschlummert.

Hexen-Puzzle

Alter: 5–8 Jahre
Material: Schere, 1 blauer, grüner und gelber Malstift, 1 Punktewürfel

Vorbereitung
Die Spielleitung kopiert das Mandala-Hexagramm von S. 86 zweimal vergrößert auf DIN A3. Sie malt beide Vorlagen mit den Farben aus, die in der „Geschichte von der Hexe Mandala" (➔ S. 87 f.) beschrieben werden.
Ein Mandala schneidet sie entlang des Kreises aus. Das andere Mandala zerschneidet sie in 13 Teile (wie in der obigen Spielszene durch die Zahlen angedeutet). Wenn möglich werden die Vorlage und die 13 Puzzle-Teile laminiert.

Spielablauf
Die Kinder würfeln reihum. Wer eine Sechs würfelt, legt ein Puzzleteil auf die Vorlage auf.

Im Anschluss an die Geschichte erhält jedes Kind eine Mandalavorlage und malt sie in seinen Lieblingsfarben aus.
Die fertigen Mandalas schneiden die Kinder entlang des Kreises aus und kleben ihr Bild auf einen schwarzen Tonkarton auf, den sie in ihrer Kinder-Zauberschachtel (➔ S. 18) verwahren.

Varianten

Für die Einführung der Zahl Sechs eignen sich zudem folgende Materialien und Spiele aus dem Grundlagenkapitel:

- Zahlen-Zauberschachtel mit Grundlagenmaterial (➔ S. 17)
- Zahlen-Bilderbuch (➔ S. 27)
- Kinder-Zählsteineschachtel (➔ S. 24)
- Stationenspiel (➔ S. 30)

Sechs backt heut die Hex'

Alter: 4–6 Jahre
Material: Puderzucker, 6 Butterkekse pro Kind, 1 große Tüte Schokolinsen (oder Gummibärchen), 1 Würfel

Vorbereitung

Die Kinder vermischen drei Löffel Puderzucker mit einem Löffel Wasser zu einer Zuckerglasur und stellen sie in einem Schälchen mit allen anderen Zutaten auf einem großen Tisch bereit.

Spielablauf

Die Kinder würfeln der Reihe nach. Bei jedem Wurf basteln alle Kinder das Würfelbild nach, indem sie einen Keks mit der entsprechenden Anzahl an Schokolinsen in der Anordnung des Würfelbilds bekleben. Würfelt ein Kind eine Zahl zum zweiten Mal, ist der Nächste an der Reihe. Die Kinder zählen mit: Wie viele Würfe braucht die Gruppe, um alle Würfelbilder von eins bis sechs herzustellen?

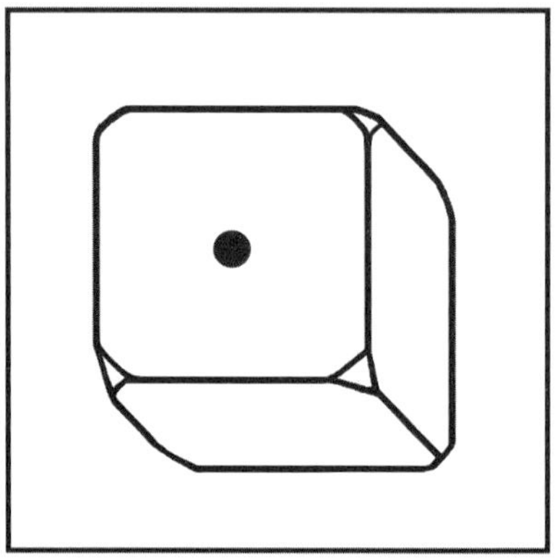
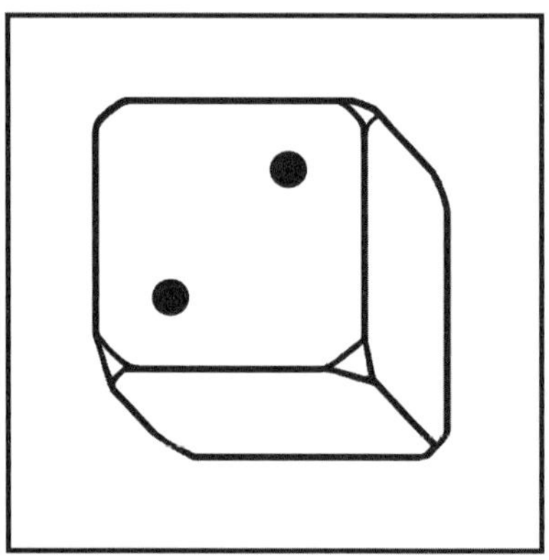
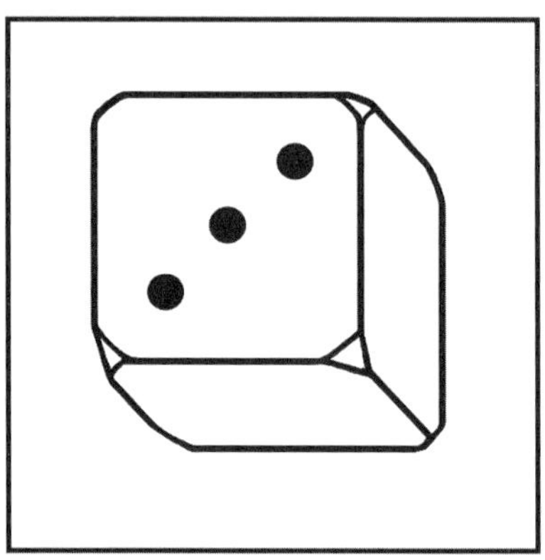
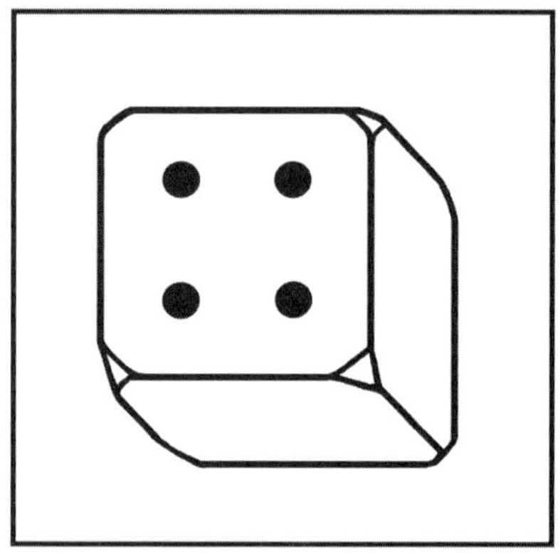
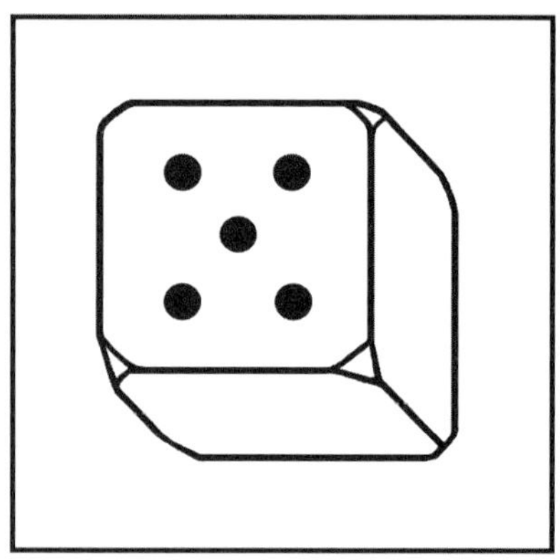
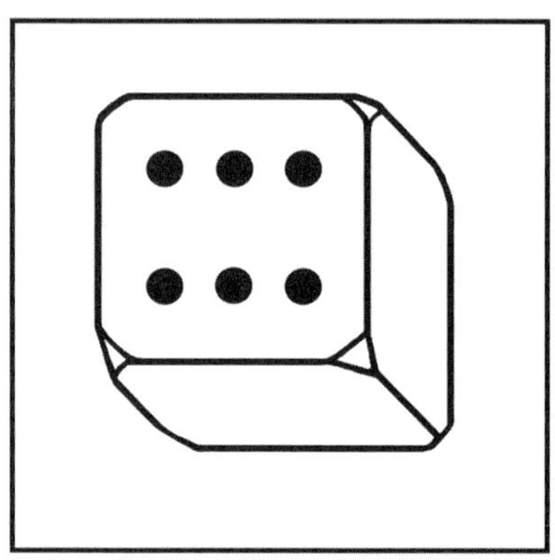

Würfelbilder

Alter: 4–7 Jahre
Material: Schere, 1 Punktewürfel, 21 Glassteine pro Kind; evtl. 1 Ziffernwürfel bis zur Sechs

Vorbereitung
Die Spielleitung kopiert die Abbildung von S. 90, wobei sie jedes einzelne Würfelbild auf DIN A5 vergrößert und ausschneidet. Jedes Kind erhält einen kompletten Würfelbildsatz von eins bis sechs. Wenn möglich werden die einzelnen Bilder laminiert.

Spielablauf
Jedes Kind legt seinen Kartensatz vor sich auf den Tisch. Alle Glassteine kommen in die Mitte. Die Kinder würfeln reihum. Bei jedem Wurf zählen sie aus der Glassteinmenge die passende Anzahl Steine ab und legen sie auf die Augen des passenden Würfelbilds. Sollte es bereits belegt sein, ist der Nächste an der Reihe. Wer hat zuerst alle Würfelbilder mit Glassteinen belegt?

Variante
Anstelle des Punktewürfels verwenden die Kinder einen Ziffernwürfel.

Würfelbilder und Zahlenkarten

Alter: 4–6 Jahre
Material: 6 Zahlenkarten von eins bis sechs (→ S. 21), 1 Satz Würfelbilder (s. o.)

Das Kind legt die Zahlenkarten in der Reihenfolge eins bis sechs aus und ordnet darunter die entsprechenden Würfelbilder an. Zusätzlich sucht es im Gruppenraum verschiedene Gegenstände in der entsprechenden Anzahl und ordnet sie zu, z. B.: Für die Eins ein Spielzeugauto, für die Zwei zwei Legosteine, für die Drei drei Stofftiere usw.

Merkspruch für die Sechs

Alter: 4–6 Jahre
Material: weißes DIN-A4-Papier, dicke Wachskreidenblöcke, Ziffernbild der Sechs (→ S. 23)

Die Kinder schreiben die Sechs mit den Wachsmalblöcken entsprechend dem Schreibbewegungsablauf und sprechen dazu den Merkspruch:

Ein Bogen nach links, nach rechts ein Bauch:
So schreibst du die Sechs – das kann ich auch!

Variante
Sind die Orientierungshilfen „Sonne“ und „Mond“ (→ S. 43) bekannt, lautet der Vers folgendermaßen:

Ein Bogen zur Sonne, zum Mond ein Bauch:
So schreibst du die Sechs – das kann ich auch!

Wie viele sind das?

Die Simultanerfassung strukturierter Mengen

Beim Würfelspiel mit einem Punktewürfel merken sich Kinder die Mengen der Punkte. Sie können sich diese als ganze Bilder in allen Einzelheiten vorstellen, sogar mit geschlossenen Augen. Sie sehen die einzelnen Punkte einer Würfelmenge vor sich und können sie abzählen. Diese simultane Mengenerfassung ist für Kinder wie ein Schlüssel zum Kopfrechnen. Sie haben gelernt sich die Struktur, die feste räumliche Anordnung der Punkte auf dem Würfel, zu merken. Dabei ordnen sie die Punktmengen den Zahlen zwischen eins und sechs fest zu.
Im Vor- und Grundschulalter lernen Kinder auch in linearen Anordnungen Strukturen zu erkennen. Sie erfassen mit einem Blick, dass in der oberen Reihe eines großen Eierkartons fünf Eier sind und erkennen, dass aus zwei Fünferreihen Eiern untereinander zehn Eier werden ohne sie einzeln abzählen zu müssen.
Um die Zahlen von sechs bis zehn auf einen Blick klar gegen die Zahlen von eins bis fünf abgrenzen zu können, stellen wir diese in zwei verschiedenen Farben dar (vgl. „Zählstreifen" und „Zählsteine" S. 21/24). Es ist aber auch möglich, Teilmengen von zwei und zwei oder vier und vier farblich hervorzuheben, wie wir es bei den Eierkarton-Mengenbildern vorschlagen.
Die Simultanerfassung ist eine wichtige Voraussetzung für die Orientierung im Zahlenraum von zehn, zwanzig, hundert und tausend. An dieser Fähigkeit sind alle Materialien für das materialgeleitete Lernen in der Mathematik orientiert: Mengenbilder wie Memobilder, Perlenmaterial u. v. m. (➜ auch S. 119ff. „Die Mathe-Werkstatt").

Eierkarton-Mengenbilder

Alter: 4–8 Jahre
Material: Buntstifte in den Farben Blau, Rot, Grün, Gelb, Orange und Lila

Die Spielleitung kopiert die Abbildungen auf S. 93f. zweimal auf DIN A3 vergrößert.
Sie legt die Zehnerblöcke wie Eierkartons quer vor sich und strukturiert die Anzahl der Kreise mit Farben, z. B. wie bei den Zählstreifen (➜ S. 21): eine Fünfer-Reihe oben in Blau und die zweite Reihe in Rot. Oder sie hebt Verdoppelungen hervor, z. B.: drei Kreise oben in Gelb und drei Kreise unten in Grün, oder vier Kreise oben in Lila und vier Kreise unten in Orange.
Hinweis: Wer möchte, ergänzt weitere Eierkarton-Mengenbilder mit anderen Teilmengen (z. B. 5 = 4+1).

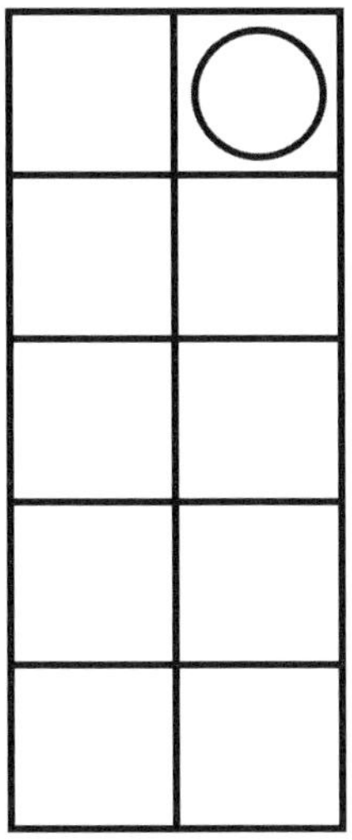

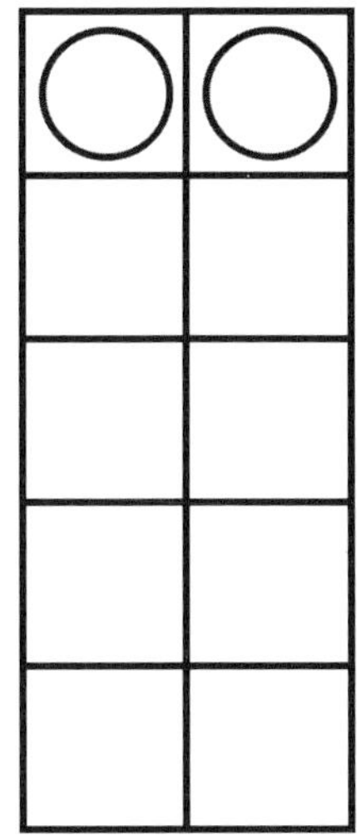
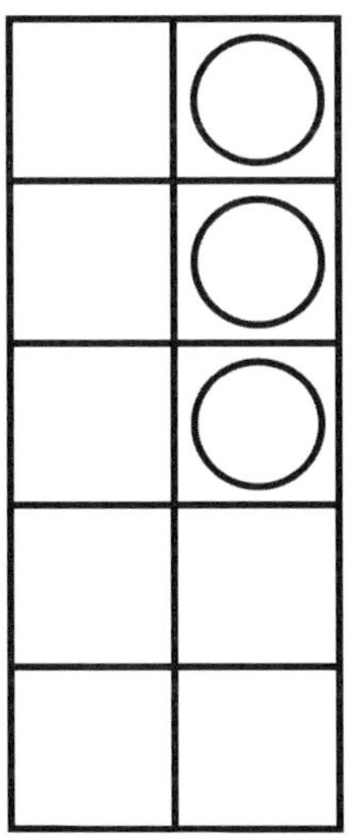
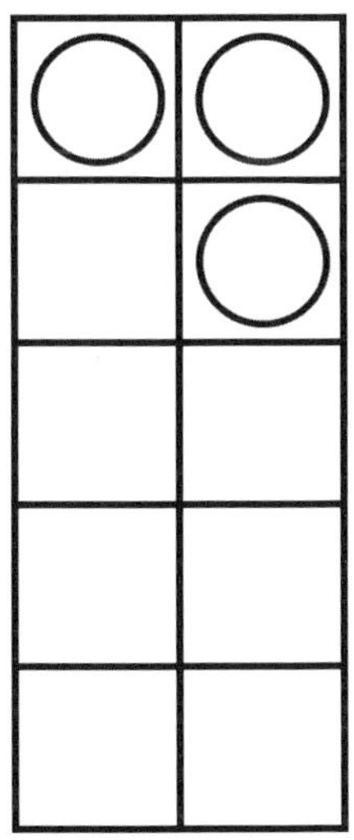
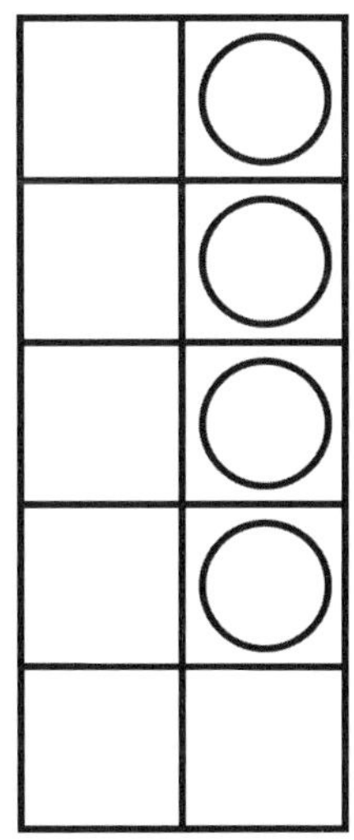

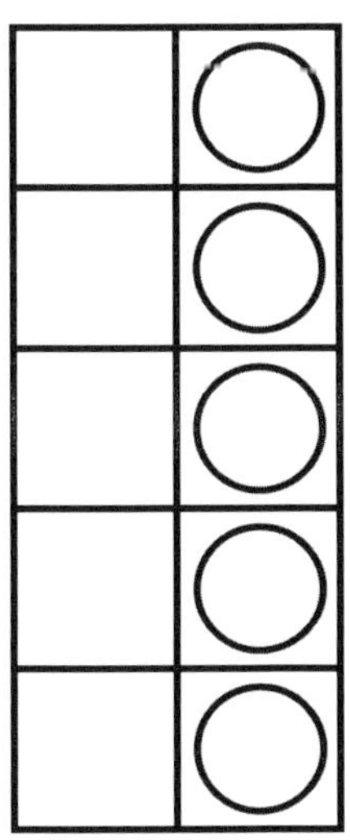

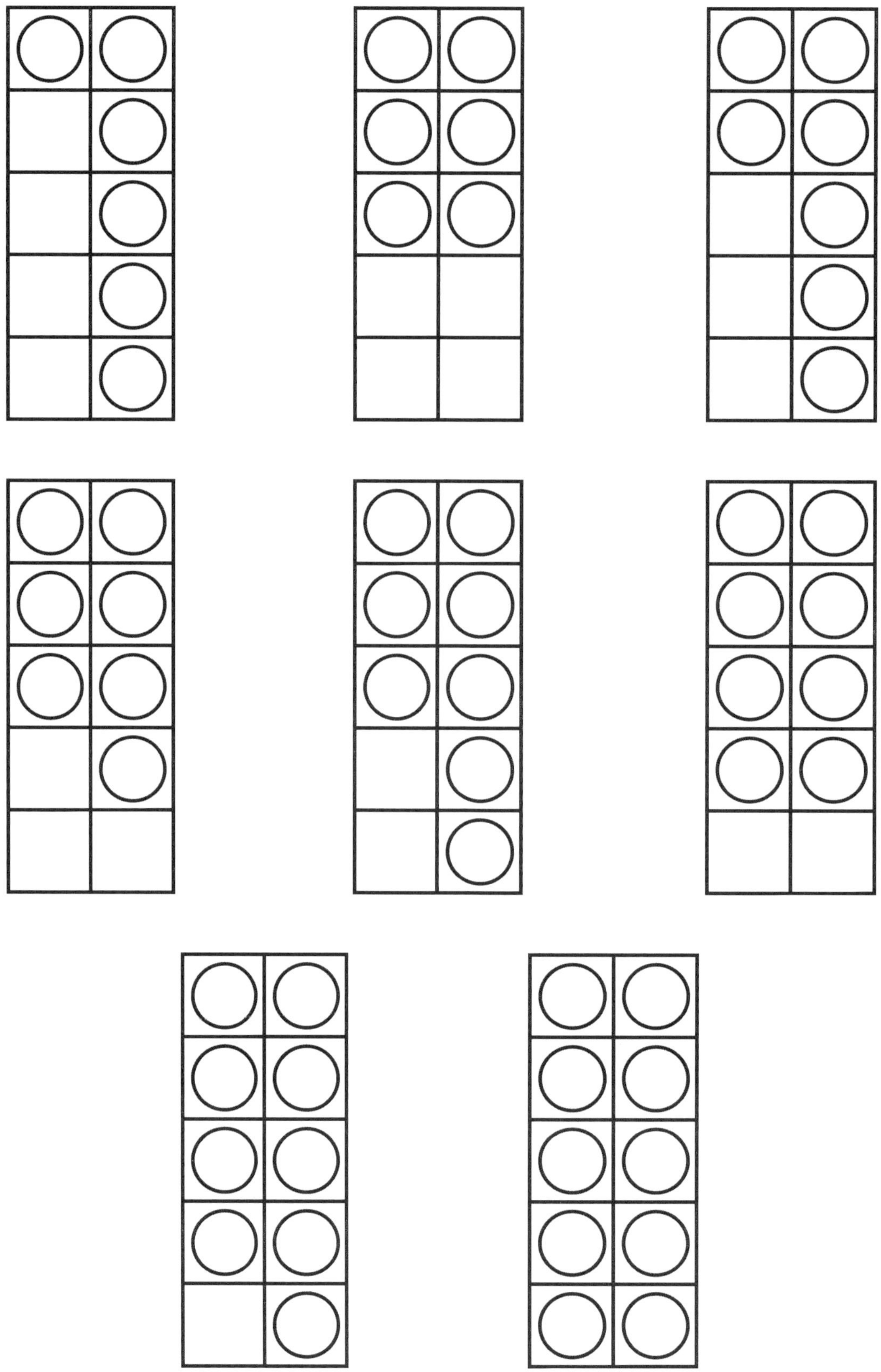

Wie viele sind es?

Ein Kind im Vorschulalter sollte in der Lage sein, alle Würfelbilder und fünf linear angeordnete Punke wie z. B. auf den Zählstreifen spontan zu erkennen.

Alter: 4–8 Jahre
Material: 1 Kartensatz Würfelbilder (➜ S. 90), 1 Satz Fingerbilder von eins bis zehn in DIN A5 (➜ S. 20), 1 Satz Eierkarton-Mengenbilder (s. o.), 1 Satz Zählstreifen (➜ S. 22)

Alle Bildkarten liegen durcheinander verdeckt auf dem Tisch. Das Kind deckt eine der Karten auf, legt sie für sich und die Spielleitung gut sichtbar in die Mitte und nennt so schnell wie möglich die Menge.

Beobachtungsauftrag

- Erkennt das Kind die Menge der Würfelaugen simultan?
- Kann es die Menge bis fünf oder sogar darüber hinaus auf den Zählstreifen, Fingerbildern und Eierkarton-Mengenbildern ohne nachzuzählen benennen?

Variante

Das Beobachtungsspiel eignet sich auch als **Gruppenspiel**. Die Kinder sitzen im Halbkreis um die verdeckt am Boden liegenden Karten herum. Ein Kind hockt sich den anderen gegenüber, zieht eine Karte heraus, hält sie für alle gut sichtbar hoch und fragt: *„Wie viele sind es?"* Wer kann am schnellsten die richtige Antwort geben?

Aus der Vogelperspektive

Alter: 5–8 Jahre
Material: 12–21 Reifen, Sprossenwand, 1 Trommel

Vorbereitung

Mit den Reifen werden Mengenbilder von eins bis sechs auf den Boden des Bewegungsraums gelegt, z. B.:

- Für die Sechs: das Würfelbild aus zweimal drei nebeneinander liegenden Reifen.
- Für die Fünf: eine Reihe von fünf nebeneinander liegenden Reifen.
- Für die Vier: eine Reihe von vier diagonal liegenden Reifen.
- Für die Drei: zwei Reifen unten und einer oben in deren Mitte zum Dreieck angeordnet.
- Für die Zwei: zwei Reifen nebeneinander.
- Für die Eins: ein einzelner Reifen.

Hinweis: Sind weniger als 21 Reifen vorhanden, werden nur drei Mengenbilder gelegt und zwischendurch gewechselt.

Spielablauf

Die Kinder klettern nacheinander auf die Sprossenwand, betrachten alle Ringe aus der Vogelperspektive und klettern wieder herunter.
Alle Kinder gehen durch den Raum. Die Spielleitung gibt mit lauten, langsamen Trommelschlägen die Anzahl eines Mengenbildes vor. Die Kinder laufen rasch zum passenden Mengenbild und hüpfen im Einbeinsprung, Zweibeinsprung oder Wechselsprung durch die Ringe.

Die 7 bringt das Glück im Nu

Zauberspruch für die Sieben

Material: 1 weißer DIN-A6-Tonkarton, Klebstoff, Schere, Zauberzylinder-Material (➜ S. 26), 1 roter und 1 schwarzer Filzstift pro Kind

Vorbereitung
Die Spielleitung kopiert die Marienkäfer-Abbildung einmal pro Kind und einmal für sich selbst. Ihre eigene Vorlage schneidet sie auf DIN A6 zurecht und malt die Flügel rot und die Punkte schwarz an. Sie verstärkt das Blatt mit Tonkarton, laminiert die Bildkarte wenn möglich und legt sie in den Zauberzylinder. Sie legt alle weiteren Zauberzylinder-Materialien bereit.

Spielablauf
Die Spielleitung stellt den Kindern das Rätsel zur Sieben: *„Was ist das: Es ist klein, hat sechs Beinchen und schwarze Punkte auf seinen roten Flügeln?"* (Der Marienkäfer)
Gemeinsam mit den Kindern zaubert sie mit dem folgenden Zauberspruch das Marienkäferbild aus dem Zauberzylinder hervor:

Hokus, Pokus, eins, zwei, drei,
wir zaubern heut einen Marienkäfer herbei.

Die Kinder betrachten die Bildkarte und zählen die sieben schwarzen Punkte auf dem Käfer. Die Spielleitung liest ihnen die Geschichte vom Glückskäfer vor.

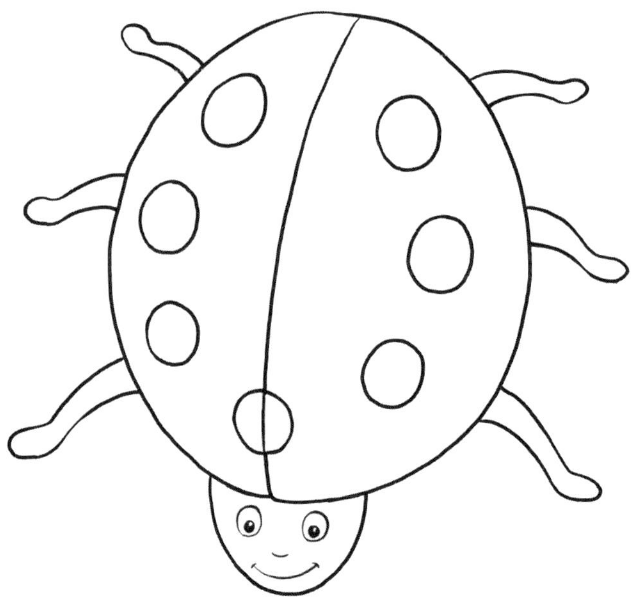

Die Geschichte vom Glückskäfer

Es war einmal eine kleine rote Käferdame, die hieß mit Namen Marie. Sie war wunderhübsch, hatte sechs zierliche Käferbeinchen und zwei herrlich rote Flügel. Ihr Köpfchen war schwarz und glänzte dunkel. Sie lebte auf einer großen Blumenwiese und liebte es, von Blumenstängel zu Blumenstängel zu schwirren. Dabei brummte sie gerne ein leises Liedchen: „Brumm, brumm, brumm, flieg siebenmal herum, fresse gerne sieben Läuse, denn die schmecken wunderbar, ja, das mögen alle Käfer, das ist sicher jedem klar!“ Nach so einer Blattlausmahlzeit setzte sich Marie gerne ganz oben auf eine offene Blumenblüte und ließ sich von den warmen Sonnenstrahlen kitzeln.

Marie hatte übrigens auch einen Verehrer unter den Käferherren. Der mochte ihre Brummstimme und gesellte sich gerne zu ihr, um mit ihr gemeinsam von den leckeren Blattläusen zu naschen. „Welch ein Glück, dass es dich gibt“, sagte Marie gut gelaunt eines besonders schönen Tages zu ihrem Bewunderer. Der wurde ein wenig verlegen, und weil er ja nicht rot werden konnte, denn das war er ja schon, so bekam er stattdessen einen kleinen dunkel glänzenden Punkt vor lauter Freude. Das bemerkte Marie und sie rief: „Welch einen wunderschönen, schwarz glänzenden Punkt du auf deinem roten Rücken hast, er kleidet dich vortrefflich!“ Schwups, war der Käfermann wieder verlegen und es zeigte sich genau auf der gegenüber liegenden Seite des anderen Flügels ein zweiter Punkt.

„Oh!“, staunte da Marie, „du bist ja ein ganz bezaubernder Käfermann, wie gut dir das Schwarz der Punkte zu Gesicht steht!“. Weil das gleich zwei Komplimente auf einmal waren, erschienen auf den roten Flügeln des Käfermannes zwei weitere schwarze Punkte. „Jetzt sind es schon vier von diesen hübschen schwarzen Punkten!“, rief Marie aus und betastete sie vorsichtig und behutsam mit ihren feinen Fühlern. Das kitzelte den Käfermann, und vor lauter Verlegenheit bekam er mit einem Mal gleich noch drei weitere schwarz glänzende Punkte dazu. Einen, den siebten, trug er genau über der Mitte seiner Schulter. Der Marie gefiel das sehr: „Jetzt sind es gar sieben Punkte! Die Sieben war schon immer meine Glückszahl, und deshalb sollst du mein Glückskäfer sein!“

Und so heiratete Marie ihren Käfermann auf der Stelle. Und weil die Käfer, wenn sie heiraten, den Namen ihrer Frau übernehmen, hieß der Käfermann seit diesem Tag – na, wie wohl? – „Marienkäfer“ natürlich! Die beiden bekamen viele Käferkinder, das ist sonnenklar!

Jetzt wisst ihr, warum der Marienkäfer ein Glückskäfer ist und weshalb man ihn auch „Siebenpunkt“ nennt!

Die Spielleitung gibt jedem Kind ein Marienkäferbild, das sie schwarz und rot ausmalen. Wer mag, verwahrt es anschließend in seiner Kinder-Zauberschachtel (➜ S. 18).

Varianten

Zur Einführung der Zahl Sieben eignen sich zudem folgende Materialien und Spiele aus dem Grundlagenkapitel:

- Zahlen-Zauberschachtel mit Grundlagenmaterial (➜ S. 17)
- Zahlen-Bilderbuch (➜ S. 27)
- Kinder-Zählsteineschachtel (➜ S. 24)
- Stationenspiel (➜ S. 30).

Die Sieben entdecken

Alter: 5–8 Jahre
Material: Fingerbilder von eins bis sechs (➜ S. 20), Kinder-Zählsteineschachtel mit 7 Zählsteinen (➜ S. 24), 1 großer Schaumstoffwürfel; evtl. 1 normaler Punktewürfel

Die Kinder sitzen im Halbkreis auf dem Boden vor den ausgebreiteten Fingerbildern.
Ein Kind würfelt und legt das Würfelergebnis mit den Zählsteinen aus der Zählsteine-Schachtel auf das entsprechende Fingerbild. Das nächste Kind in der Reihe dreht den Würfel sorgsam so um, dass die Augen der gegenüber liegenden Würfelseite zu sehen sind. Es zählt die Augen und entdeckt, dass die verbleibende Anzahl der Zählsteine in der Schachtel genau passend ist, um sie auf dem entsprechenden Fingerbild zu ergänzen.
Die Kinder führen weitere Würfelrunden durch und entdecken, dass die Summe der beiden gegenüber liegenden Seiten eines Würfels immer Sieben ist! Gleichzeitig lernen sie anhand der Fingerbilder, aus welchen Zahlen sich die Sieben zusammensetzen lässt (vgl. auch „Schüttelschachteln" S. 125).

Variante

Ist kein großer Schaumstoffwürfel vorhanden, spielen die Kinder mit einem normalen Punktewürfel. Beim Umdrehen müssen sie besonders achtsam sein, um auch tatsächlich genau die gegenüber liegende Seite aufzudecken. Je größer der Würfel, desto nachvollziehbarer ist das Umdrehen auch für die zuschauenden Kinder.

Die verflixte Sieben

Alter: 4–6 Jahre
Anzahl: 7 Kinder
Material: 1 Memobild der Sieben (➜ S. 25) pro Kind, Kinder-Zählsteineschachtel (➜ S. 24), Fingerbilder (➜ S. 20) und Zählstreifen (➜ S. 22) und Zahlenkarten (➜ S. 21) von eins bis sieben, 1 Hupe

Die Kinder sitzen im Kreis mit der Spielleitung am Boden. Jedes Kind hat ein Memobild der Sieben und seine Kinder-Zählsteineschachtel mit sieben Zählsteinen vor sich bereitliegen. Die Fingerbilder, Zählstreifen und Zahlenkarten liegen gemischt und verdeckt auf einem Kartenstapel in der Mitte, daneben liegt die Hupe.
Reihum decken die Kinder das zuoberst liegende Mengenbild auf und bilden damit einen zweiten Stapel. Erscheint die Sieben, legen die Kinder schnell alle sieben Zählsteine aus der Schachtel auf den Zählstreifen ihres Memobilds. Wer als Erster fertig ist, darf einmal hupen, der Zweite hupt ebenfalls einmal und so fort, bis die Hupe zuletzt siebenmal ertönt ist.
Die Kinder decken weiter die Karten auf, bis die nächste Sieben erscheint!

Merkspruch für die Sieben

Alter: 4–6 Jahre
Material: weißes DIN-A4-Papier, dicke Wachskreidenblöcke, Ziffernbild der Sieben (→ S. 23)

Die Kinder schreiben entsprechend dem Schreibbewegungsablauf auf dem Ziffernbild siebenmal die Zahl Sieben. Dazu sprechen sie den folgenden Merkspruch:

Gerade nach rechts,
dann schräg nach unten
und gleich die Mitte zum Kreuz gefunden!
Ein Glück für die Sieben:
Sie ist schnell geschrieben!

Varianten

Für das Erlernen des Schreibbewegungsablaufs der Sieben bieten sich auch die Spielformen aus den Stationen zur Drei, zur Sieben und zur Zehn an (→ S. 29ff.).

Mehr – weniger – gleich viel

Die Eins-zu-eins-Zuordnung und der Mengenvergleich

Im Alter von sechs Jahren haben Kinder durch die Eins-zu-eins-Zuordnung ein Zählschema entwickelt, wie sie es bei vielen der vorgestellten Spiele lernen können. Um mehrere Objekte abzählen zu können, müssen sie begreifen, dass jedes Objekt nur einmal gezählt wird und das entsprechende Zahlwort die Größe der Gesamtmenge ausdrückt. So ordnen Kinder beim Abzählen der Menge jedem Zahlwort ein Objekt durch Wegschieben, Wegstreichen oder Abdecken zu.

Kinder stellen gerne und häufig Vergleiche an: Sind mehr Bauklötze in der Kiste als auf meinem Tisch, sind es weniger oder gleich viele? Ist der rote Ball größer als der blaue, ist er gleich groß oder kleiner? Bei vielen Spielen machen sie sich ganz nebenbei mit den Mengenbegriffen „mehr", „weniger" oder „gleich viel" vertraut. Im Alter von fünf und sechs Jahren können Kinder in der Regel zwei Mengen miteinander vergleichen. Dazu benötigen sie eine Zuordnungsweise, mit der sie eine Übersicht zum Verhältnis der beiden Mengen erhalten. Dabei ist die räumliche Anordnung der zu vergleichenden Mengen wichtig, wie wir dies in den Kapiteln „Die Raum-Lage-Wahrnehmung" (→ S. 37 ff.) und „Die Simultanerfassung strukturierter Mengen" (→ S. 92 ff.) veranschaulicht haben. Auch eine geübte Zählweise von links nach rechts ist beim Mengenvergleich von Vorteil (→ S. 43 „Sonne, Mond und Richtungspfeil").

Drachenschatz

Alter: 5–7 Jahre

Material: 20 Glassteine, 1 Punktewürfel

Vorbereitung

Die Spielleitung kopiert das Bild des Drachen von S. 55 einmal und laminiert es wenn möglich. Sie legt es auf die vom Kind aus gesehen linke Tischseite und legt die Glassteine ungeordnet unter das Drachenbild.

Spielablauf

Die Spielleitung erinnert das Kind an die „Geschichte vom zweiköpfigen Drachen" (→ S. 55) und zeigt ihm den noch einköpfigen Drachen mit seinem Schatz aus Glassteinen.

- Das Kind zählt die Glassteine aus dem Drachenschatz.
- Hat es die Zahl 20 ermittelt, versucht es, dem Drachen ein paar Steine abzunehmen. Es würfelt, nennt die gewürfelte Zahl und legt die gewürfelte Menge der Steine auf seine rechte Seite.
- Nach drei Würfelrunden zählt das Kind nach, wie viele Steine es dem Drachen abgenommen hat. Besitzt es nun mehr, weniger oder gleich viele Steine?
- Die Spielleitung sortiert die Steine neu: Sie legt zehn Steine zu einer Reihe nebeneinander auf die Drachenseite. Die anderen zehn Steine legt sie ungeordnet nebeneinander auf die rechte Seite des Kindes. Sie fragt es: *„Hast du mehr Steine als der Drache, weniger Steine oder gleich viele Steine wie der Drache?"*

Beobachtungsauftrag

- Wie zählt das Kind? Ordnet es die Glassteine beim Zählen durch Wegschieben eines jeden mit dem Zahlwort benannten Steines auf die rechte Seite oder deutet es auf die Steine? Zählt es mit den Augen?
- Bis zu welcher Zahl beherrscht es die Eins-zu-eins-Zuordnung – wann verliert es beim Aufsagen der Zahlwortreihe den Überblick über die zu zählenden Glassteine?
- Kennt das Kind die Würfelzahlen von eins bis sechs oder ermittelt es die Menge noch durch die Eins-zu-eins-Zuordnung, also das Abzählen der einzelnen Würfelaugen?
- Kann es rasch eine entsprechende Menge ungeordneter Steine wegnehmen ohne einen Fehler zu machen?
- Kann es die Reihe der zehn nebeneinander liegenden Drachenschatzsteine mit der ungeordneten gleichen Menge vergleichen? Nutzt es hierzu die Eins-zu-eins-Zuordnung und ordnet jedem Drachenstein einen eigenen Stein zu, um zählend die Mengen zu vergleichen?

Zahlenkarten und Glassteine

Alter: 4–6 Jahre
Material: 1 Satz Zahlenkarten (➜ S. 21), 55 Glassteine; evtl. 10 kleine Säckchen, 1 Satz Eierkarton-Mengenbilder (➜ S. 93f.)

Das Kind legt die Zahlenkarten in der Reihenfolge von eins bis zehn aus. Dann legt es die entsprechende Anzahl von Glassteinen unter die Karten. Es zählt dabei zuerst die einzelnen Elemente und benennt zuletzt deren Anzahl: *„Eins, zwei, das sind zwei"*. Die Glassteine werden immer paarweise unter die jeweilige Zahlenkarte gelegt. Bei einer ungeraden Zahl wird der letzte Glasstein links unter dem letzten Paar abgelegt.

Variante

Zur Vertiefung werden die Glassteine in zehn kleine Säckchen verteilt: In das erste Säckchen ein Glasstein, in das zweite Säckchen zwei Glassteine usw. Durch Ertasten der Glassteine ordnet das Kind jeder Zahlenkarte die richtige Menge zu. Sind alle Säckchen zugeordnet, legt das Kind die Eierkarton-Mengenbilder dazu. Indem es die Glassteine aus den Säckchen nimmt und auf das Mengenbild legt, kann es gleich kontrollieren, ob es die Menge richtig erfühlt hat.

Das hungrige Krokodil

In dieser Aktion wird den Kindern spielerisch die Bedeutung der Begriffe „mehr als", „weniger als" und „ist gleich" vermittelt und die Leserichtung von links nach rechts geübt.

Alter: 5–6 Jahre
Material: 2 weiße Tonkartonbögen DIN A4, dicker schwarzer Filzstift, Klebstoff, 2 Springseile, Vorlagen „Sonne" und „Mond" (➜ S. 43), eine Kiste Bauklötze; evtl. Fingerbilder (➜ S. 20), Zahlenkarten (➜ S. 21), Zählstreifen (➜ S. 22), Zählsteine, Eierkarton-Mengenbilder (➜ S. 93 f.)

Vorbereitung
Die Spielleitung schreibt ein großes „Ist-Gleich-Zeichen" (=) mitten auf den weißen Tonkarton. Sie kopiert die beiden Krokodilmaul-Vorlagen jeweils auf DIN A4 vergrößert und beklebt damit den zweiten Tonkarton von beiden Seiten, sodass sie ein Krokodil zum Wenden hat.
Dieses legt sie unter ihrem Stuhl zusammen mit den beiden Springseilen, der Sonnen- und der Mondvorlage und den Bauklötzen bereit. Die „Ist-Gleich-Vorlage" verwahrt sie für die erste Variante.

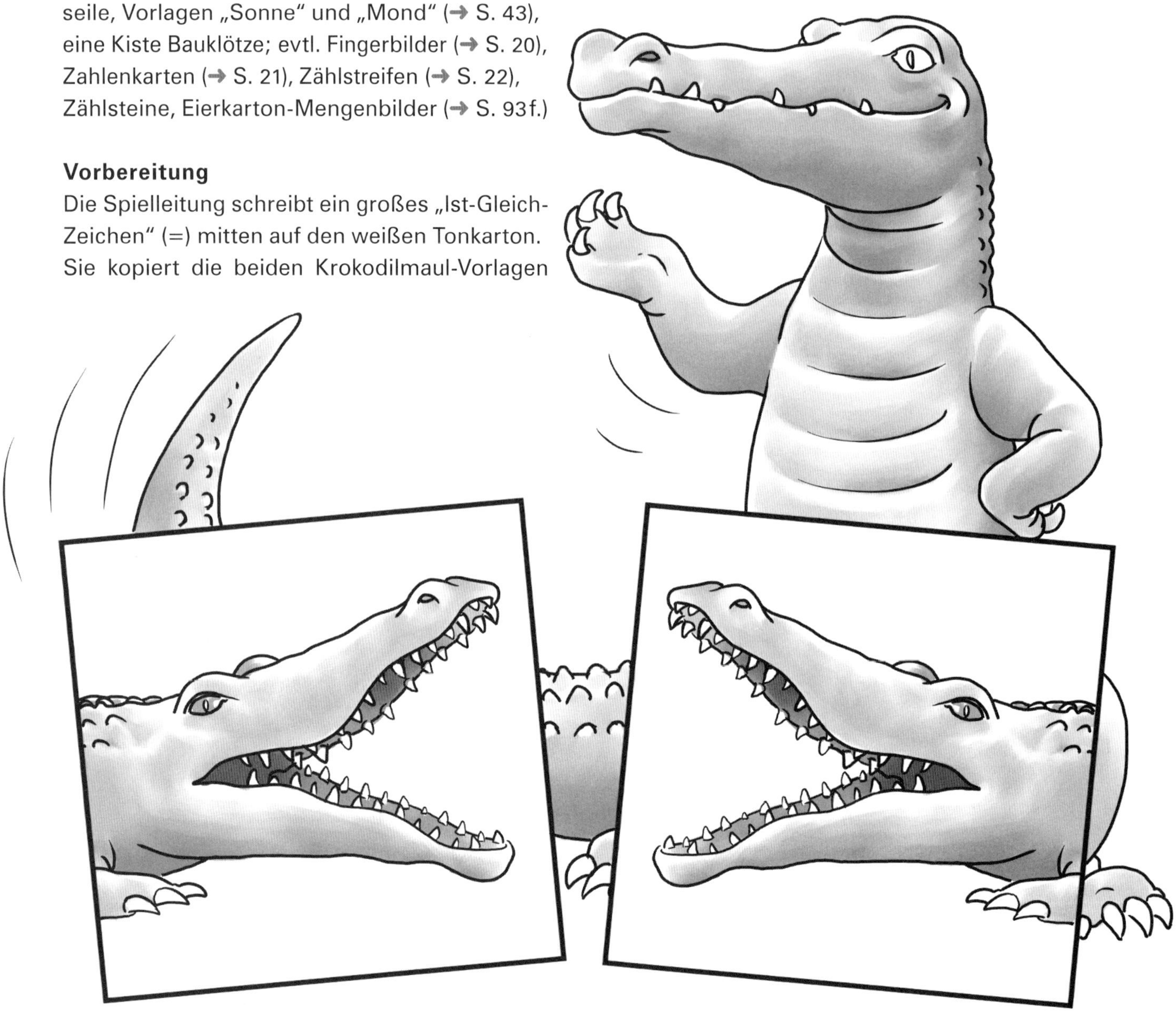

Spielablauf

Die Kinder sitzen mit ihren Stühlen im Halbkreis, die Spielleitung sitzt in ihrer Mitte. Sie legt die beiden Springseile im Abstand von einem Meter senkrecht von oben nach unten auf den Boden. Sie erklärt: *„Das ist ein Fluss, in dem ein besonders hungriges Krokodil lebt. Sein Name ist Kroko. Und weil Kroko immer so großen Hunger hat, schwimmt es den ganzen Tag mit weit aufgerissenem Maul durchs Wasser."* Die Spielleitung zeigt den Kindern die Bilder von Kroko und legt die Karte mit einer Seite nach oben in den Fluss. Die Kinder ahmen mit ausgestreckten Armen das weit geöffnete Krokodilmaul nach und lassen ihre Arme gefährlich auf und zuklappen.

Die Spielleitung erläutert: *„Auf der linken Seite vom Fluss ist die Sonnenseite, auf der rechten Seite vom Fluss ist die Mondseite."* Sie legt beide Vorlagen auf die entsprechenden Flussseiten. *„Manchmal kommen Tiere an den Fluss um zu trinken. Auf der Sonnenseite sind gerade drei Zebras angekommen."* Die Kinder legen drei Bausteine auf die linke Sonnenseite. *„Auf der rechten Seite sind fünf Gazellen an den Fluss gekommen."* Die Kinder legen fünf Bausteine auf die rechte Seite. *„Kroko hat das gemerkt, er schaut schon aus dem Fluss heraus und überlegt, wo mehr Tiere stehen. Auf dieser Seite will er sich mit seinem weit offenen Maul seine Beute schnappen. Zeigt Krokos Maul jetzt auf die Seite mit mehr Tieren?"* Die Kinder betrachten die Bauklötze, zählen und vergleichen die beiden Mengen: Drei sind weniger als fünf, also drehen die Kinder Kroko so, dass sein offenes Maul zur rechten Mondseite hin zeigt. Sie „lesen" die Geschichte entsprechend der Leserichtung von links nach rechts: *„Drei Zebras auf der Sonnenseite* ***sind weniger als*** *5 Gazellen auf der Mondseite."*

Die Kinder überlegen sich nun weitere Kroko-Geschichten und legen sie mit den Bauklötzen und der Kroko-Vorlage im Fluss nach. Liegen bei der folgenden Geschichte mehr Bausteine auf der linken Seite, lesen die Kinder: ***„... sind mehr als ...!"***

Varianten

- Mit dieser Variante erarbeiten sich die Kinder die Bedeutung des Zeichens „Ist gleich". Die Spielleitung erzählt: *„Heute sind fünf Zebras auf die linke Sonnenseite des Flusses und fünf Gazellen auf die rechte Mondseite des Flusses gekommen. Jetzt stehen auf jeder Seite gleich viele Tiere. Kroko ist ganz verwirrt und kann sich nicht entscheiden, zu welcher Seite er sein Maul aufreißen soll. Dabei verliert er den Appetit. Er taucht beleidigt in den Fluss und schwimmt weg!"* Die Spielleitung nimmt die Kroko-Vorlage aus dem Fluss, legt sie unter ihren Stuhl zurück und holt stattdessen die „Ist-Gleich-Vorlage" hervor. *„Wenn es gleich viele Tiere sind, legen wir das geheime Zeichen für ‚ist gleich viel' in die Mitte."* Die Kinder lesen wieder von links nach rechts: *„Fünf Zebras auf der Sonnenseite* ***ist gleich viel*** *wie fünf Gazellen auf der Mondseite."* Gemeinsam überlegen sie sich weitere „Ist-Gleich-Viel-Geschichten".
- Die Kinder wechseln zwischen den „Kroko-" und den „Ist-Gleich-Viel-Geschichten" und legen sie mit den Grundlagenmaterialien.

Loopings dreh'n wir mit der 8

Zauberspruch für die Acht

Alter: 4–6 Jahre
Material: 2 weiße DIN-A6-Tonkartonkarten, Zauberzylinder-Material

Vorbereitung

Die Spielleitung kopiert den Octopus und die Spinne vergrößert von S. 105, schneidet sie einzeln aus und klebt sie auf die beiden Tonkartonkarten. Sie legt den Octopus in den Zauberzylinder und stellt alle anderen Zauber-Materialien bereit. Die Spinne legt sie verdeckt neben sich.

Spielablauf

Die Spielleitung stellt den Kindern ein Rätsel: *„Es ist ein Tier, hat acht Arme und lebt im Meer – was ist das?"* (Der Octopus oder Tintenfisch)
Die Kinder zaubern mit dem folgenden Zauberspruch den Octopus aus dem Hut:

Hokus, Pokus, eins, zwei, drei,
wir zaubern heut einen Octopus herbei!

Sie zählen die acht Arme des Octopus und überlegen, was sie selbst alles tun könnten, wenn sie acht Arme hätten: z. B. gleichzeitig Eis essen, ein Bild malen, mit den Fingern schnippen und ein anderes Kind kitzeln?
Die Spielleitung fragt die Kinder, ob ihnen auch ein Tier einfällt, das acht *Beine* hat? Es kann sich an einem Faden durch die Luft tragen lassen und mit ihm ein Netz spinnen. (Die Spinne)
Sie zeigt ihnen das Bild der Spinne und die Kinder zählen die acht Beine.
Die Spielleitung liest den Kindern die Geschichte von Octopus, dem Tintenfisch vor.

Die Geschichte von Octopus, dem Tintenfisch

Tief im Meer ist das Zuhause von Octopus, dem Tintenfisch. Octopus war schon immer ein wenig eitler als die anderen Fische im großen Meer. Er bildete sich etwas darauf ein, acht Arme zu haben. Er zählte sie den lieben langen Tag, wenn er sich geschickt mit ihnen durch das Meer bewegte. „Habt Acht vor den Acht!", rief er seiner Beute zu, bevor er sie geschickt mit seinen acht Fängen umschloss. Wenn ihn jemand ärgerte, spritze er einfach einen Schwall blauschwarzer Tinte hinter sich und glitt dann behände seine acht Arme schwingend davon.
Octopus war aber nicht nur eitel, sondern auch ausgesprochen neugierig. Besonders die großen Schiffe hatten es ihm angetan, die über das Meer fuhren und manchmal in seiner Meeresbucht vor Anker gingen. „Bestimmt gibt es kein Tier auf einem solchen Schiff, das mir gleich kommt", dachte er zufrieden und befühlte mit seinen acht Armen einen großen, schweren Anker, der von einem Segelschiff ins Wasser gelassen wurde. Neugierig schob er sich mit seinen Armen die vielen Glieder der langen Eisenkette hinauf und lugte vorsichtig aus dem Wasser, um einen Blick auf das herrliche Schiff zu werfen.
„Na, etwas viel Meerwasser da unten?", hörte Octopus eine Stimme zu sich sagen. „Mir scheint, da unten bei dir gibt es nicht viele Fliegen?" Octopus schaute sich suchend nach jemandem um. Er konnte aber keine Seele entdecken, die gesprochen hatte. Da kitzelte ihn plötzlich ein feines Etwas an seiner Tintenfischhaut. „Du bist ein wenig zu groß für mein Netz", hörte er die Stimme sagen. Er wunderte sich, welches Netz die Stimme meinte. Wieder schaute er sich suchend um und konnte keines der Netze entdecken, die von den großen Schiffen zum Fischfang benutzt wurden. „Nun mach doch mal Platz, das ist meine Kette!" schimpfte da die Stimme ärgerlich. Octopus löste nacheinander seine acht Arme von der Kette und zählte sie der Gewohnheit halber schnell noch einmal nach. Dann ließ er sich ins Wasser zurückgleiten und machte ein paar achtsame Züge.
Von dort aus entdeckten seine Augen plötzlich ein äußerst seltsames Tier, das sich auf vielen dünnen Beinen durch die Luft zu bewegen schien. Octopus musste erstaunt aufschnaufen – er hatte gerade acht Beine gezählt! Er zählte sie rasch ein zweites Mal, aber es waren tatsächlich acht Beine, mit denen das Tier sich so schnell durch die Luft bewegen konnte. Aber damit nicht genug: Zwischen der Kette und dem Rumpf des Schiffes war ein silbern glitzerndes Gebilde entstanden. „Na, wie gefällt dir mein

Netz?", fragte ihn die Stimme. Also hatte dieses Tier vorhin mit ihm gesprochen. „Ich bin beeindruckt!", gluckste Octopus und ließ vor Verlegenheit ein wenig Tinte herauswallen. „Auch nicht schlecht, was du da fabrizierst", ließ sich das achtbeinige Tier vernehmen. „Ist das blaue Farbe?"
Oho – das konnte Octopus natürlich nicht auf sich sitzen lassen. „Nein, nein", sagte er mit stolzgeschwellter Brust. „Das ist nicht irgendeine Farbe, sondern echte Tintenfischtinte! Damit nehme ich auch dem aufdringlichsten Verfolger in Nullkommanix die Sicht. Übrigens habe ich mich noch gar nicht vorgestellt: Ich bin Octopus, der achtarmige Tintenfisch! Und wer bist du?"
„Ich heiße Arachnia und bin die Schiffsspinne, zuständig fürs Stechmückenfliegenfangen! Mir ist noch nie eine durchs Netz gegangen, und ohne meine Hilfe würden die Matrosen auf dem Schiff ganz schön gepiesackt!" Octopus wusste nicht recht, was er darauf erwidern sollte. „Ganz schön wichtig dieses kleine Tier mit den acht Beinen, und so nützlich", dachte er nur. „Na dann, guten Fang, Arachnia", rief Octopus schließlich der Spinne zu, bevor er langsam und bedächtig mit seinen acht Armen davonschwamm. In Zukunft würde er nicht mehr so sehr angeben – es wäre doch zu unangenehm, wenn die anderen Fische herausfänden, dass es jemanden gab, der anstelle von acht Armen acht Beine hatte und zudem einen so wichtigen Job auf einem der großen Schiffe hatte.
Octopus hat seinen Vorsatz bis heute tatsächlich beachtet und Rücksicht auf die anderen Meerestiere genommen. Die wunderten sich zwar anfangs ein wenig über den neuen, netten Octopus, aber sie waren zufrieden, dass sie von ihm nun mehr geachtet wurden.

Varianten

Zur Einführung der Zahl Acht eignen sich zudem folgende Materialien und Spiele aus dem Grundlagenkapitel:

- Zahlen-Zauberschachtel mit Grundlagenmaterial (➜ S. 17)
- Zahlen-Bilderbuch (➜ S. 27)
- Kinder-Zählsteineschachtel (➜ S. 24)
- Stationenspiel (➜ S. 30).

Achterbahn fahren

Alter: 4–7 Jahre
Material: weißes DIN-A3-Papier, Bleistift, Wachskreiden, 1 Spielzeugauto pro Kind

Vorbereitung
Die Spielleitung zeichnet pro Kind eine große liegende Acht mit Bleistift quer auf den Papierbogen.

Spielablauf
Die Kinder machen heute eine Achterbahnfahrt! Dazu muss jedoch die Fahrbahn für das Auto noch verbreitert werden, damit es nicht aus der Kurve fliegt.
Die Kinder verbreitern die Fahrbahn, indem sie mit acht verschiedenen Wachsblöcken die liegende Acht nachfahren. Dazu sprechen sie:

Wir fahren laut und mit Gebrumm
um die Achterbahn herum.

Nachdem die Achterbahn verbreitert ist, nehmen die Kinder ein Spielzeugauto zur Hand und wiederholen den Spruch bei ihrer Fahrt um die Achterbahn.

Merkspruch für die Acht

Alter: 5–7 Jahre
Material: 2 runde Sandeimer und 1 Springseil pro Kind

Die Kinder stellen die beiden Sandeimer hintereinander vor sich hin und legen mit dem Seil eine Acht um die Eimer herum. Sie sprechen dazu den Merkspruch:

Ich führe mein Seil mit Bedacht
und lege mit ihm die Acht!

Sie nehmen die Eimer hoch und betrachten die vor ihnen liegende Acht.

Varianten

Für das Erlernen des Schreibbewegungsablaufs der Acht bieten sich auch die Spielformen aus den Stationen zur Drei, zur Sieben und zur Zehn an (➜ S. 29ff.).

König Plus und Rabe Minus

Einfache Operationen

Mithilfe einfacher Operationen klären Kinder im Alltag ihre Bedürfnisse. Aus der Ebene des situativen Zählens und Rechnens heraus entwickeln sie grundlegende sprachliche Muster, mit denen sie einfache Operationen benennen und ausführen können: *Wie viele Kinder sind heute hier? Wie viele Kinder sind nicht gekommen? Wer mag gerne Brezeln essen? Wie viele Brezeln haben wir? Wie viele bleiben übrig? Auf die Bewegungsbaustelle dürfen immer fünf Kinder. Wir sind bereits drei Kinder. Wie viele Kinder können noch dazukommen?*

In der Regel können Kinder im Vorschulalter kleine Operationen lösen und sich diese auch gedanklich vorstellen. Dies ist eine unbedingte Vorrausetzung, um die abstrakte Darstellung von Operationen mit Zahlen zu begreifen. Wie in der Spielvariante „Das hungrige Krokodil" (➔ S. 102) können wir diese Operationen für Kinder mit Mengenbildern veranschaulichen, was sich für mind. ein Drittel der Vorschul- und auch Schulkinder als sehr hilfreich erweist. Da von ihnen ab der ersten Klasse rasch ein flexibles Denken und Rechnen im Zahlenraum bis 20 gefordert wird, sind diese Übungen hierfür eine gute Vorbereitung.

Mit den Geschichten von König Plus und Rabe Minus macht es Kindern im Vorschulalter Freude, sich kleine Operationen auszudenken und zu bearbeiten.

Das König-Plus-Spiel

In dieser Geschichte wird den Kindern die Bedeutung der Begriffe „dazu" oder „plus" vermittelt und die Leserichtung von links nach rechts geübt.

Alter: 5–6 Jahre
Material: 3 Teppichfliesen, Glassteine, Vorlagen „Sonne" und „Mond" (➔ S. 43); evtl. 1 weißer DIN-A5-Tonkarton, dicker schwarzer Filzstift, Fingerbilder (➔ S. 20), Zählstreifen (➔ S. 22), Zählsteine, Zahlenkarten (➔ S. 21), Eierkarton-Mengenbilder (➔ S. 93f.)

Vorbereitung
Die Vorlage von König Plus wird einmal auf DIN A5 vergrößert kopiert und wenn möglich laminiert.
Die Spielleitung legt die Bildkarte und alle anderen Materialien bereit.

Spielablauf
Die Kinder sitzen mit der Spielleitung im Halbkreis. Die Spielleitung legt die drei Teppichfliesen nebeneinander in einer Reihe vor sich und den Kindern auf den Boden. Über die linke Teppichfliese legt sie die Sonne, über die rechte Fliese den Mond und auf die mittlere Teppichfliese die Bildkarte von König Plus.
Sie liest den Kindern zur Einführung der neuen Figur „Die Geschichte vom König Plus" vor.

Die Geschichte vom König Plus

Es war einmal ein reicher König, der besaß einen riesengroßen Schatz. Dieser Schatz war etwas ganz besonderes:

In jungen Jahren, als der König noch ein Prinz war, hatte er einmal einem zweiköpfigen Drachen aus der Patsche geholfen. Er hatte ihn in einer Höhle entdeckt, die vor lauter Feuerspeien ganz und gar voller Ruß war. Der Drache war sehr unglücklich gewesen, weil er keinen Schlaf finden konnte vor lauter Angst, dass ihm jemand seinen geheimen Drachenschatz stehlen könnte, den er in der Höhle bewachte. Sogar einen zweiten Kopf hatte er sich wachsen lassen in der Hoffnung, den Schatz besser bewachen zu können! Aber auch das hatte ihn nicht beruhigt, sondern nur dazu geführt, dass der Schatz durch das zweifache Feuerspeien völlig verrußt war. „Wenn ich doch nur einfach mal wieder schlafen könnte und vielleicht nach draußen an die frische Luft käme, dann ginge es mir viel besser“, hatte er geseufzt. „Aber das geht natürlich nicht, denn ich muss doch meinen Schatz bewachen!“ Der Prinz hatte dem Drachen angeboten, eine Nacht auf seinen Schatz aufzupassen, während er schlief, denn er wollte dem unglücklichen Drachen gern helfen. Doch da hatte der Drache plötzlich eine Idee gehabt und dem Prinzen vorgeschlagen, er solle doch den Schatz mit auf sein Schloss nehmen und dort verwahren. Er würde ihm sogar die Hälfte des Schatzes schenken, wenn er nur nicht mehr darauf aufpassen müsste!

Und so war es gekommen, dass der Prinz mit einem großen Schatz voller Edelsteine, Goldstücke und Juwelen von seiner Reise ins Schloss zurückkehrte. Alles wurde geputzt und poliert, bis der Schatz wieder funkelte und glänzte. Die Hälfte ließ der Prinz sorgsam in einer großen Truhe verschließen, denn er hatte dem Drachen versprochen, dass dieser ihn jederzeit besuchen könne, um nach dem Schatz zu sehen. Die andere Hälfte aber verwendete er als König dazu, um das Leben seiner Untertanen zu verbessern. So sorgte er zum Beispiel dafür, dass alle immer genügend zu essen hatten und die Kinder jeden Tag in die Schule gehen konnten.

Dabei machte er nach einiger Zeit eine wundersame Entdeckung: Der Drachenschatz hatte nämlich eine ganz besondere Eigenschaft: Er wurde niemals weniger, egal wie viel er herausnahm, sondern wuchs ständig an und wurde immer mehr! Die Untertanen nannten den König deshalb bald „König Plus", denn seit er gemerkt hatte, dass sich der Schatz immer noch vermehrte, war er noch großzügiger geworden und beschenkte seine Untertanen oft mit Edelsteinen und Goldstücken, wenn er durch sein Land reiste. So bekamen die Leute immer mehr dazu, wenn der König Plus sie besuchte. Einmal hatte eine Frau zuerst vier schöne Edelsteine, dann kam König Plus und gab ihr noch drei mehr dazu, sodass die Frau zuletzt zusammen sieben wunderschöne Edelsteine hatte und sich sehr darüber freute! So lebten sie alle glücklich und zufrieden.

Und der Drache? Ja, der war auch sehr glücklich, denn er konnte, seitdem der junge Prinz seinen Schatz mitgenommen hatte, tun und lassen, was er wollte: Tagsüber tollte er draußen durch Wälder und Wiesen und war bald überall bekannt wegen seiner zwei Köpfe. Und nachts? Ja, da schlief er so tief und fest, dass er nicht einmal mehr Rauchwölkchen ausstieß – und meistens träumte er zufrieden von seinem funkelnden Schatz im Schloss.

Die Spielleitung legt entsprechend dem Beispiel in der Geschichte auf die linke Teppichfliese vier Steine und auf die rechte Fliese drei Steine. Sie wiederholt: *„Zuerst hatte die Frau vier Edelsteine, dann kam König Plus und hat ihr noch drei dazugegeben, zuletzt hatte sie zusammen sieben Edelsteine!“*

Die Kinder stellen sich vor, sie wären die Untertanen von König Plus. Sie denken sich eine Geschichte nach dem vorgegebenen Satzmuster aus und legen die Geschichten mit den Glassteinen auf die Fliesen.

Variante

Die Spielleitung schreibt auf die eine Seite des Tonkartons ein großes Plus-Zeichen und auf die andere Seite ein großes Minus-Zeichen.

Die Kinder legen die König-Plus-Geschichten mit den Grundlagenmaterialien (Fingerbilder, Zahlenkarten etc.) und legen die Plus-Vorlage auf den König Plus.

König Plus

Alter: 5–6 Jahre

Material: Bildkarte „König Plus“ (→ S. 109), 15 Glassteine, 1 Schachtel

Vorbereitung

Die Spielleitung legt die Bildkarte „König Plus“ auf die Schachtel mit den Glassteinen und stellt sie vor das Kind.

Spielablauf

Die Spielleitung stellt dem Kind zwei Aufgaben:

- *„König Plus schenkt dir fünf Edelsteine aus seiner Schatzkiste.“* Das Kind zählt fünf Glassteine aus der Schachtel ab. *„Dann gibt dir König Plus noch vier Edelsteine mehr dazu. Wie viele Edelsteine hast du zuletzt?“*
- *„Stell dir vor, König Plus hat dir zuerst drei Edelsteine gegeben, dann bekommst du noch vier dazu, wie viele Edelsteine hast du zuletzt?“*

Beobachtungsauftrag

- Nimmt das Kind bei der ersten Aufgabe die Zählsteine zu Hilfe? Zählt es die Steine ab und zur Anfangsmenge hinzu? Zählt es mit den Fingern?
- Rechnet es bei der zweiten Aufgabe allein mit seiner Vorstellung?

Das Rabe-Minus-Spiel

In dieser Geschichte wird den Kindern die Bedeutung der Begriffe „weg" oder „minus" vermittelt und die Leserichtung von links nach rechts geübt.

Alter: 5–6 Jahre
Material: 3 Teppichfliesen, Glassteine, Vorlagen „Sonne" und „Mond" (➜ S. 43); evtl. Plus-/Minus-Vorlage (➜ S. 111, „Variante"), Fingerbilder (➜ S. 20), Zählstreifen (➜ S. 22), Zählsteine, Zahlenkarten (➜ S. 21), Eierkarton-Mengenbilder (➜ S. 93f.)

Vorbereitung

Die Spielleitung kopiert die Vorlage von „Rabe Minus" auf S. 109 einmal auf DIN A5 vergrößert und laminiert sie wenn möglich.

Spielablauf

Die Spielleitung legt alle Materialien wie bei dem „König-Plus-Spiel" (➜ S. 108) im Halbkreis bereit. Zunächst legt sie wieder König Plus auf die mittlere Teppichfliese und hält den Raben Minus versteckt.
Sie liest den Kindern die „Geschichte vom Raben Minus" vor und tauscht den Raben Minus gegen den König Plus aus, wenn dieser in der Geschichte benannt und vorgestellt wird. An der entsprechenden Stelle der Geschichte legt sie sieben Glassteine auf die linke und drei auf die rechte Teppichfliese und deutet dazwischen auf den Raben Minus.

Die Geschichte vom Raben Minus

Der König Plus war, wie ihr wisst, sehr reich und gab den Leuten immer etwas dazu, sodass alle bald mehr als genug hatten. Das hörte eines Tages jedoch ein frecher Rabe im Nachbarland. Er flog über die Landesgrenze und nistete sich in der Nähe des Schlosses auf einem hohen Baum ein, um sich einen guten Überblick zu verschaffen. Vor allem auf die funkelnden Edelsteine und glänzenden Goldstücke hatte er es abgesehen, denn wie alle Raben war er sehr angetan von allem was glitzerte und funkelte.
Die Untertanen des König Plus' indes gingen sehr sorglos mit ihren Edelsteinen und Goldstücken um. Oft ließen sie diese einfach in der Sonne liegen, weil sie durch die Strahlen so schön funkelten und glänzten. Das lockte den Raben schon bald aus seinem Nest heraus, und – hast du nicht gesehen – hatte er einem Mann drei funkelnde Edelsteine von der Fensterbank seines Hauses stibitzt! Mit den Steinen im Schnabel flog der Rabe hoch in die Lüfte, bis er sein Nest erreichte. Der Mann kam gerade hinzu, als der Rabe mit den Steinen davon flog, und war sehr verärgert. Aufgeregt erzählte er seiner Frau: „Stell dir vor, gerade hatte ich sieben Edelsteine in der Sonne liegen, dann kam ein Rabe und hat mir drei Edelsteine weggenommen. Jetzt habe ich nur noch vier Edelsteine!"
So wie dem Mann erging es bald vielen Untertanen im Land, und seitdem nannten die Leute ihn nur noch den „Raben Minus", weil er stets etwas wegnahm und sie am Ende weniger hatten als vorher!

Die Kinder stellen sich vor, sie wären Untertanen in dem Land, in dem der Rabe Minus jetzt lebt. Sie denken sich eine Geschichte nach dem folgenden Satzmuster aus und legen die Geschichte mit Glassteinen: *„Zuerst hatte ich ... Edelsteine, dann ist der Rabe Minus gekommen und hat mir ... Edelsteine weggenommen, zuletzt habe ich nur noch ... Edelsteine!"*

Variante

Die Kinder legen die Rabe-Minus-Geschichten mit den Grundlagenmaterialien (Fingerbilder, Zahlenkarten etc.) und legen die Minus-Vorlage auf den Raben Minus.

Rabe Minus

Alter: 5–6 Jahre
Material: Bildkarte Rabe Minus (→ S. 109), 15 Glassteine

Die Spielleitung stellt dem Kind zwei Aufgaben:

- Sie legt sieben Glassteine und die Bildkarte Rabe Minus auf den Tisch und erklärt: *„Zuerst hast du sieben Edelsteine. Der Rabe Minus kommt und nimmt dir vier Edelsteine weg. Wie viele Edelsteine hast du zuletzt?"*
- *„Stell dir vor, du hast zuerst fünf Edelsteine, dann kommt der Rabe Minus und nimmt dir drei Edelsteine weg, wie viele Edelsteine hast du zuletzt?"*

Beobachtungsauftrag

- Nimmt das Kind bei der ersten Aufgabe die Zählsteine zu Hilfe? Zählt es die Steine ab und legt sie weg? Zählt es mit den Fingern?
- Rechnet es bei der zweiten Aufgabe ohne Hilfsmittel allein mit seiner Vorstellung?

Nullkommanix – rechnen, das geht fix!

Alter: 5–6 Jahre

Eins plus eins macht zwei,
da ist nichts dabei!
Daumen und Zeigefinger zeigen

Zwei plus zwei macht vier,
ja, das merk ich mir!
Daumen und Zeigefinger beider Hände zeigen

Fünf minus vier macht eins,
rechnen das ist meins!
alle Finger einer Hand zeigen und dann die Faust mit dem Daumen nach oben

Eins minus eins macht null und nix,
rechnen kann ich schon ganz fix!
einen Daumen zeigen und dann hinter dem Rücken verschwinden lassen

Kegel fallen, dass es kracht

Zauberspruch für die Neun

Alter: 5–7 Jahre
Material: Zauberzylinder-Material (➔ S. 26), 9 dicke Sektkorken, 1 kleiner Holzkreisel (Spielwarenbedarf)

Vorbereitung
Die Spielleitung legt die neun Sektkorken und den Holzkreisel in den Zauberzylinder und stellt alle Zauberzylinder-Materialien bereit.

Spielablauf
Die Spielleitung stellt den Kindern ein Rätsel: *„Sie sind meistens aus Holz, man braucht neun davon und bringt sie mit einer Kugel zu Fall."* (Kegel)
Gemeinsam mit der Spielleitung zaubern die Kinder mit dem folgenden Zauberspruch die neun „Kegel" herbei.

Hokus, Pokus, eins, zwei, drei,
wir zaubern heut neun Kegel herbei!

Die Kinder zählen die neun Sektkorken, stellen sie auf und versuchen sie mit dem Holzkreisel umzukegeln. Die Spielleitung liest ihnen die „Geschichte vom wilden Holzkreisel" vor.

Die Geschichte vom wilden Holzkreisel

Ein Kater hatte seinem kleinen Sohn einen Holzkreisel zum Spielen geschenkt. Der Holzkreisel war aus einem alten Tischkegelspiel ausgemustert worden, weil er sich so wild drehte und die neun Kegel immer zu weit vom Tisch herunterschleuderte. Nachher mussten alle Kegel vom Boden aufgelesen werden. Der Kater schaute seinem Sohn in die grünen Katzenäuglein und ermahnte ihn: „Pass gut auf den Kreisel auf, wenn du ihn mit deiner Pfote zum Drehen bringst. Dieser Kreisel bringt gerne etwas zu Fall!" Er gab seinem Sohn zu bedenken: „Wir Katzen haben zwar neun Leben, doch sollten die nicht so achtlos fallen wie neun Kegel."

Der kleine Kater war jedoch unbekümmert und fragte sich: „Was kann so ein kleiner Kreisel schon Schlimmes zu Fall bringen? Die neun Kegel sind doch aus Holz und fallen leichter als eine Katze. Ein Kater wie ich dagegen landet sicher neunmal auf seinen vier Pfoten, bevor ihn der Tod aus dem Katzenleben holt." Jetzt wollte er erst einmal ein wenig Spaß haben und brachte mit einem lockeren Tatzenschwung den Holzkreisel zum Drehen. Da zeigte sich, dass der Holzkreisel tatsächlich ein besonders Wilder war, der mit immer schneller werdenden Umdrehungen auf die Tür zu kreiselte. Der kleine Kater machte einen Satz und wollte den Holzkreisel stoppen, da ging die Türe auf und – bumm – schlug sie ihm an den Katzenkopf. Benommen landete der Kater auf seinen vier Pfoten. Da hörte er den Holzkreisel lachen und spotten: „Neun Kegel, und einer ist schon gefallen, zum Glück war es kein Katzenleben, sonst hättest du nur noch acht!"

Der Spott des Kreisels machte den kleinen Kater wütend. Er rannte ihm hinterher, als der Kreisel sich geschwind durch die Türe drehte. Schon glaubte der kleine Kater, er würde den Kreisel erwischen. Wieder setzte er zum Sprung an und – flutsch – rutschte die Türmatte unter seinen Pfoten weg. Der kleine Kater schlitterte in die Diele, stieß am Telefontischchen an und verhedderte sich im herabhängenden Kabel. Bei dem Versuch sich zu befreien, zog er daran und das Telefon fiel herunter, genau auf seinen Schwanz! „Neun Kegel, und zwei sind schon gefallen, zum Glück war es kein Katzenleben, sonst hättest du nur noch sieben davon!"

Diesmal ließ der Spott des Kreisels den kleinen Kater aufhorchen. Langsam zog er seinen Schwanz unter dem Telefon hervor und befreite sich vorsichtig aus dem Kabelsalat. Mit neun leisen Schritten pirschte er sich an den sich immer noch wild drehenden Kreisel heran. Leise zählte der kleine Kater dabei seine Tapsen: „Eins, zwei, drei, vier, fünf, sechs, sieben, acht", und bei „neun" machte er mit allen vier Pfoten einen Satz und stürzte sich auf den Kreisel. Der lachte laut und rief dem verdutzten Kater bei seiner Bruchlandung auf dem Bauch zu: „Neun Kegel, und drei sind schon gefallen, zum Glück war es kein Katzenleben, sonst hättest du nur noch sechs davon!"

Schnell wie ein Tornado wand er sich unter dem kleinen Kater hervor und wirbelte zur Haustür hinaus auf den Hof. Der kleine Kater spurtete so schnell er konnte hinterher. Draußen auf dem Hof war es eisig glatt, und der kleine Kater rutschte auf einer gefrorenen Pfütze aus. Er legte ein paar Umdrehungen hin, bevor er wieder sein Gleichgewicht fand. Der Kreisel hatte die unfreiwillige Pirouette des kleinen Katers genau beobachtet, lachte hämisch und zählte laut: „Neun Kegel, und vier sind schon gefallen, zum Glück war es kein Katzenleben, sonst hättest du nur noch fünf davon!"

Damit drehte und kreiselte er sich zur Hofeinfahrt hinaus. Das wollte sich der kleine Kater nicht bieten lassen, mit neun großen Katzensätzen sprang er dem Kreisel hinterher, und wenn ihn sein Vater nicht am Schlafittchen gepackt hätte, wer weiß, wie viele Kegel oder Katzenleben da noch gefallen wären?

„Mein lieber Sohn", sagte der Vater, „so ein Spottkreisel ist es nicht wert, auch nur eines deiner neun

Katzenleben zu riskieren!" Er hielt seinen Sohn fest und schnurrte beruhigend in sein Ohr. Und das war gut so, denn der kleine Kater wäre beinahe unter die Räder gekommen. Der durchgedrehte Holzkreisel wirbelte nämlich unter den schnell vorbeifahrenden Autos hindurch, bevor er zwischen den Gittern eines Straßengullys auf nimmer Wiedersehen verschwand. „Das geschieht ihm recht", dachte der kleine Kater. „Dort unten wird der Kreisel keinem mehr den Kopf verdrehen!" Er verspürte jedenfalls keine Lust, dem Kreisel weiter hinterherzurennen.
Er schmiegte sich zufrieden an die Beine seines Vaters und trottete mit ihm zurück ins Haus. Zusammen ließen sie sich einen guten Mäusebraten schmecken und verdauten damit den gehörigen Schrecken. Denn besser eine Maus im Magen und neun Leben in der Tasche als einen durchgedrehten Kreisel im Kopf!

Varianten

Zur Einführung der Zahl Neun eignen sich zudem folgende Materialien und Spiele aus dem Grundlagenkapitel:

- Zahlen-Zauberschachtel mit Grundlagenmaterial (→ S. 17)
- Zahlen-Bilderbuch (→ S. 27)
- Kinder-Zählsteineschachtel (→ S. 24)
- Stationenspiel (→ S. 31).

Kegeln um die Wette

Alter: 4–8 Jahre
Material: 9 bunte große Plastikkegel (oder Plastikflaschen), 1 Seil oder Klebeband, Maßband, 1 Ball, Schreibsachen

Die Kinder stellen die Plastikkegel auf. Sie messen mit dem Maßband eine Entfernung von 3 m ab und markieren mit dem Seil oder dem Klebeband den Anfang der Kegelbahn. Diese Linie darf kein Kind beim Kegeln überschreiten, sonst gilt der Wurf nicht!
Die Kinder kegeln um die Wette. Wem gelingt es, die meisten Kegel oder sogar „alle Neune" zu Fall zu bringen? Jedes Kind zählt genau nach, wie viele Kegel es zu Fall gebracht hat und wie viele Kegel noch stehen, bevor es sie wieder aufstellt. Jedes Kind erhält einen eigenen Zettel, auf dem es seine Ergebnisse notiert, entweder als Strichliste oder direkt die Ziffer der gefallenen Kegel.
Am Ende schaut jedes Kind auf seinem Zettel nach, welches Ergebnis am höchsten ausgefallen ist und vergleicht dieses Ergebnis mit den anderen Kindern. Wer ist KegelkönigIn?

Merkspruch für die Neun

Alter: 5–7 Jahre
Material: 1 Springseil und 1 Zehn-Liter-Eimer pro Kind, Ziffernbild der Neun (→ S. 23)

Die Kinder legen das Springseil entsprechend dem Schreibbewegungsablauf der Neun um den Eimer als „Kopf" der Neun herum und führen es unten weiter. Mit der Bezeichnung „Kopf" wird die Raumlage der Neun für die Kinder veranschaulicht, vor allem im Gegensatz zu der Zahl Sechs. Die Kinder sprechen den Merkspruch:

Die Neun hat einen Kopf
und unten einen Schopf!

Varianten

Für das Erlernen des Schreibbewegungsablaufs der Neun bieten sich auch die Spielformen aus den Stationen zur Drei, zur Sieben und zur Zehn an (→ S. 29ff.).

Die Mathe-Werkstatt

Ein pädagogisches Lernkonzept

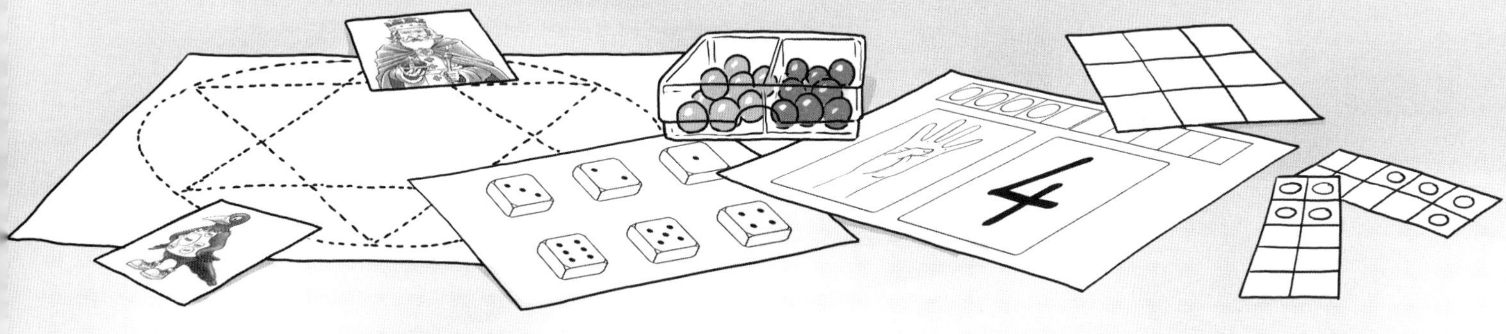

Der Begriff „Lernwerkstatt" hat sich ursprünglich aus pädagogischen Konzepten der Reformpädagogik heraus entwickelt. In der aktuellen Debatte um bestmögliche Bildungs- und Fördermaßnahmen für Kinder ist die Beschäftigung mit diesem Konzept jedoch sinnvoller denn je. Eine Lernwerkstatt ermöglicht Kindern in einem separaten und eigens dafür konzipierten Bereich eine besondere Rückzugsmöglichkeit zum selbstständigen Lernen. Kinder schätzen die Erfahrung, alleine oder in kleinen Gruppen ungestört arbeiten zu können und messen der Lernwerkstatt eine hohe Bedeutung bei. Sie machen anhand des ihnen dort dargebotenen Materials eigene Lernerfahrungen und erleben sehr praktisch orientiert ganzheitliches Lernen. In der Lernwerkstatt gewinnen Kinder eine positive Arbeitshaltung, die ihre zukünftige Lern- und Arbeitsweise bedeutend formt und prägt. Die Arbeitsmaterialen sind frei zugänglich und haben durch die Präsentation in offenen Regalen einen besonderen Aufforderungscharakter. Dadurch entsteht bei den Kindern die Lust zum Entdecken, Ausprobieren und Handeln. Sie werden motiviert eigene Ideen kreativ zu entwickeln und mit den Materialien praktisch zu gestalten. Die Kinder arbeiten mit den Materialien sowohl am Tisch als auch am Boden.

Kinder lieben es, Ordnung zu schaffen, und die Tätigkeit des Sortierens erfüllt sie mit großer Zufriedenheit. Deshalb ist die Zeit zum gemeinsamen Aufräumen im wahrsten Sinne des Wortes wertvolle Zeit für die Grundsteinlegung der mathematischen Vorläuferfertigkeit des Klassifizierens (➜ S. 67ff.). Kinder stellen sich von selbst Fragen: *„Wie kann ich ordnen?"* und finden Antworten: *„Nach Größen, nach Farben, nach der Oberflächenbeschaffenheit oder nach dem Verwendungszweck der Dinge."* Dieses Ordnungsprinzip finden die Kinder sichtbar in der Gestaltung der Mathe-Werkstatt wieder. Wir bieten ihnen das Material in geordneter Form an, damit sie es immer am gleichen Platz vorfinden. Wir achten darauf, dass das Material, nachdem es die Kinder verwendet haben, wieder vollständig eingeordnet wird.

Alle Kinder werden, bevor sie in der Mathe-Werkstatt selbstständig arbeiten, in den Umgang mit dem Material und in das Ordnungsprinzip eingeführt. Diese Einführung in die Regeln der Ordnung ist notwendig, denn ein ungeordneter Arbeitsplatz schadet der Lernmotivation aller Kinder. Nichts ist für Kinder frustrierender, als im kreativen Arbeitsprozess durch fehlende Materialteile gebremst zu werden.

Wir empfehlen die Mathe-Werkstatt in einem separaten Raum einzurichten, wenn die räumlichen Möglichkeiten hierfür vorhanden sind. Der Vorteil eines eigenen Raumes liegt in der besonderen Gewichtung, die durch die Tätigkeit der Kinder an diesem eigens vorbereiteten Ort dem Lernen zuteil wird. Für die Kinder bedeutet es eine Aufwertung ihrer Lernbereitschaft, sie sehen ihr Tun wertgeschätzt und machen sich diese positive Haltung zu Eigen.

Der Zugang zur Lernwerkstatt wird allen Kindern ermöglicht. Dadurch muss das Material vielseitig und entwicklungsfähig sein und den Kindern unterschiedliche Schwierigkeitsgrade anbieten. Kinder im letzten Kindergartenjahr haben durch ihre Vorerfahrungen andere Voraussetzungen als Drei- oder Vierjährige. Sie haben das Bedürfnis, jetzt mehr gefordert zu werden und etwas zu leisten. Grundsätzlich ist die Lernwerkstatt ein Handlungsort für Kinder ab dem vierten Lebensjahr, unabhängig vom Entwicklungstand. Sie bietet durch das differenzierte Materialangebot sowohl begabten Kindern wie auch Kindern mit Entwicklungsrückständen besondere Anreize: Jedes Kind kann hier in seinem individuellen Lerntempo mit den Materialien arbeiten.

Damit die Kinder einen ersten Zugang zu allen Materialien erhalten, führen wir außerhalb der Lernwerkstatt durch spielerische Angebote wie im vorliegenden Buch in die Themen ein. Diese Themen können die Kinder in der Lernwerkstatt festigen, vertiefen und erweitern. Sie brauchen oftmals die Möglichkeit, sich einer Tätigkeit aufmerksam zuzuwenden und diese so lange zu wiederholen, bis ihr individueller Lernprozess sie aufnahmebereit für neue Lerninhalte macht.

Seit der Pisa-Studie gibt es ein reichhaltiges Angebot an mathematischem Arbeitsmaterial bei diversen Anbietern im Handel zu beziehen. Viele Materialien lassen sich aber auch mit wenig Aufwand kostengünstig selbst herstellen. Uns ist es ein Anliegen, mit unserem Material Kinder aller Altersgruppen besonders auf der Ebene der taktil-kinästhetischen Wahrnehmung anzusprechen. Mit dieser Wahrnehmung über unsere Haut und unsere „Werkzeuge“, die Hände, „begreifen“ wir etwas erst wirklich. Besonders Kinder ab vier Jahren sind in der Lage, mathematische Vorkenntnisse zu entwickeln, indem sie von konkreten Handlungen zur abstrakten Vorstellung hin gelangen. Deshalb sind viele Montessori-Materialien besonders gut geeignet für die Mathe-Werkstatt. Durch das Montessori-Sinnesmaterial und Alltags-Übungen wie Schütten, Gießen und Abmessen erarbeiten sich Kinder die ersten Grundlagen für das Verständnis der Mathematik. Sie gelangen durch die Klarheit des Materials, dessen Strukturiertheit und logischen Aufbau zu einer geistigen Ordnung. Diese Ordnungsprinzipien können sie später selbst auf neue Materialien und Problemstellungen übertragen. Sie erproben verschiedene Lösungswege und gelangen eigenständig zu einer Problemlösung.

Die meisten Materialien für die Mathe-Werkstatt können selbst hergestellt werden. Bei einigen Aktionen verweisen wir alternativ auf Materialien, die käuflich erworben werden können. Vielleicht ist auch bereits einiges an Material in der Einrichtung vorhanden, das sich nutzen lässt. Alle hier vorgestellten Materialien können ebenfalls für die Zahlen-Zauberschachteln (➔ S. 17) genutzt werden und allgemein zur Einführung neuer Zahlen. Bei jedem Material geben wir außerdem ergänzend an, welche mathematischen Vorläuferfertigkeiten damit gefördert werden können.

Blaurote Stangen

Alter: 4–6 Jahre
Material: 1 Vierkantholz (Kantenbreite: 30 mm, Länge: 5,50 m; ggf. im Baumarkt zurechtsägen lassen wie unten beschrieben), Schmirgelpapier, Bleistift, blaue und rote Acrylfarbe oder -lack, Pinsel; evtl. Säge, 55 Glassteine

Herstellung

Das Vierkantholz wird folgendermaßen in zehn Stangen zersägt: Die erste Stange ist 10 cm lang und jede weitere Stange 10 cm länger als die vorhergehende, also die zweite Stange 20 cm, die dritte 30 cm usw.
Die Stangen werden vor allem an den Enden sorgfältig abgeschmirgelt, damit sich die Kinder nicht verletzen und die Stangen gut in der Hand liegen.
Die 10 cm-Stange wird blau angestrichen. Alle anderen Stangen werden in 10 cm Abschnitte unterteilt und abwechselnd blau und rot gestrichen. So repräsentiert jede Stange eine Zahl von eins bis zehn, und die Reihenfolge der Zahlen ist an der Länge der Stangen abzulesen.
Hinweis: Das original Montessori-Material ist unter dem Begriff „Rotblaue Stangen" im Handel erhältlich (➜ S. 138).

Spielablauf

Das Kind legt aus den ungeordneten Stangen eine Treppe. Dazu sucht es durch Vergleichen der unterschiedlichen Längen die längste Stange heraus. Die unterschiedlichen Farben erleichtern dem Kind das Abzählen der einzelnen Abschnitte und helfen ihm, jede Stange mit einer bestimmten Zahl zu verbinden, z. B.: *Die Stange mit sieben Farbabschnitten repräsentiert die Zahl sieben.*
Mit den sortierten Stangen übt das Kind die Zahlbegriffe von eins bis zehn ein: Es berührt die Einer-Stange und nennt die Zahl *„Eins"*. Bei der Zweier-Stange werden die Abschnitte durch Berühren gezählt: *„Eins, zwei, das ist die Zwei"*. So verfährt das Kind bis zur Zahl Zehn.
Durch kleine Aufträge wie: *„Gib mir die Eins / die Drei"* usw. lernt das Kind die Stangen sicher zu gebrauchen.

Varianten

- Zur **Verfestigung der Zahlenbegriffe** ordnet das Kind den einzelnen Stangen die entsprechende Menge Glassteine zu.
- Mit diesem Material sind auch schon **erste Rechenoperationen** möglich: Wenn das Kind die Zweier-Stange und die Dreier-Stange aneinander fügt, sind beide zusammen genauso lang wie die Fünfer-Stange.

Mathematische Vorläuferfertigkeiten

- Erwerb der Zahlenbegriffe von eins bis zehn
- Zählen von eins bis zehn
- Simultanerfassung strukturierter Mengen
- Seriation und Zuordnung: „kurz und lang", „kurz, kürzer, am kürzesten", „lang, länger, am längsten"

Zählkästen

Durch die Anordnung der Zahlen von null bis neun erfährt das Kind ganz praktisch die Zahl Null, die hier einen eigenen Platz erhält.

Alter: 4–6 Jahre
Material: 10 leere Obst- oder Gemüseschalen, dicker Filzmarker, 45 Rundhölzer (6 mm Durchmesser, ggf. im Baumarkt auf ca. 15 cm Länge zersägen lassen), 8 Haushaltsgummis; evtl. Laubsäge

Herstellung

Die Schalen werden mit dem Filzmarker mit den Zahlen von null bis neun beschriftet.
Die Rundhölzer werden auf ca. 15 cm Länge zurechtgesägt, sodass sie in die Schalen passen.
Hinweis: Das original Montessori-Material ist unter dem Begriff „Spindelkasten" im Handel erhältlich (➜ S. 138).

Spielablauf

Das Kind sortiert die entsprechende Anzahl Holzstäbchen in die jeweiligen Fächer. Sind alle Stäbchen verteilt, macht die Spielleitung das Kind auf das Fach mit der Null aufmerksam: In diesem Fach ist nichts! Das Kind greift in das Einser-Fach. Hier fühlt es ein Stäbchen. Zum Vergleich greift es in das Fach mit der Null und fühlt nichts.
Zur Vertiefung bündelt das Kind mit je einem Gummiring die jeweilige Anzahl der Stäbchen in den Fächern zu einer Menge. Es erfährt dabei, dass sich erst durch das Zusammenfügen einzelner Elemente eine feste Menge ergibt, deren Anzahl bestimmt werden kann. Durch das Zurücklegen des Bündels in das entsprechende Zahlenfach kann das Kind die gebündelten Mengen einer bestimmten Zahl zuordnen.
Hinweis: Die Zahl Zehn ist hier nicht vorhanden, um zu vermitteln, dass alle Zahlen aus den Ziffern von null bis neun gebildet werden. Die Null dagegen beinhaltet nur in Verbindung mit den Ziffern von eins bis neun eine Menge (vgl. S. 32 „Die 0, sie steht für nichts und keins").

Mathematische Vorläuferfertigkeiten

- Eins-zu-eins-Zuordnung
- Seriation
- Mengenvergleich
- arithmetische Vorkenntnisse arabischer Ziffern
- Zahlbegriffskenntnis mit Schwerpunkt auf der Zahl Null

Zahlenkette

Alter: 4–6 Jahre
Material für zwei Ketten: 2 × 40 blaue und 2 × 15 rote Perlen, 2 Perlenschnüre, 2 Sätze gelochte Zahlenkarten (➜ S. 21); evtl. Malsachen

Herstellung

Eine Zahlenkette fertigt die Spielleitung als Vorlage an. Die erste Karte mit der Zahl Null wird auf eine Schnur aufgefädelt und verknotet. Es folgt eine blaue Perle und die Karte mit der Zahl Eins, danach zwei blaue Perlen und die Karte mit der Zahl Zwei usw. bis zur Zahl Fünf.
Für die Zahl Sechs werden fünf blaue und eine rote Perle aufgefädelt, dann folgt die Karte mit der Zahl Sechs. Die ersten fünf Perlen sind immer blau, alle folgenden rot. In dieser Weise folgen alle Perlen und Zahlenkarten bis zur Zahl Zehn.

Spielablauf

Das Kind fädelt die Kette nach der Vorlage in der richtigen Reihenfolge von null bis zehn auf. Am Ende kontrolliert es seine fertige Zahlenkette: Entspricht sie genau der Vorlage? Stimmt die Anzahl der einzelnen Perlen?
Hinweis: Die Unterscheidung mit roten und blauen Perlen dient zur visuellen Strukturierung

der linear angeordneten Perlenmenge und zur Differenzierung des Zahlenraums von eins bis fünf.

Variante

Als Abstraktionshilfe wird die Zahlenketten-Vorlage nur aufgemalt.

Mathematische Vorläuferfertigkeiten

- Zahlbegriffskenntnis
- Eins-zu-eins-Zuordnung
- arithmetische Vorkenntnisse arabischer Ziffern
- Simultanerfassung strukturierter Mengen

Strukturierte Mengenstäbchen

Alter: 4–6 Jahre
Material: fester Draht, Zange, 40 blaue und 15 rote Perlen (10 mm Durchmesser), 1 Satz Zahlenkarten (➜ S. 21)

Herstellung

Für das erste Mengenstäbchen wird ein Stück Draht mit der Zange abgekniffen, eine blaue Perle aufgefädelt und der Draht an beiden Enden zu einer kleinen Schlaufe umgebogen, sodass die Perle fest zwischen den Schlaufen sitzt und nicht verrutschen kann. Für das Zweier-Stäbchen werden zwei blaue Perlen aufgefädelt usw. bis zum Fünfer-Stäbchen.
Ab dem Sechser-Stäbchen wird genau wie bei der Zahlenkette verfahren: Die ersten fünf Perlen sind immer blau, die folgenden rot (Anleitung und Hinweis ➜ S. 21, „Zählstreifen").

Spielablauf

Das Kind zählt die einzelnen Perlen der Mengenstäbchen ab und benennt ihre Anzahl. Es ordnet jedem Mengenstäbchen die Zahlenkarten von eins bis zehn zu.
Zum Durchführen erster kleiner Rechenoperationen sucht es zwei blaue Mengenstäbchen heraus und dazu ein drittes, das genauso viele Perlen enthält wie die beiden ersten Stäbchen zusammen, z. B.: *Das Zweier-Stäbchen und das Dreier-Stäbchen ergeben zusammen die gleiche Anzahl Perlen wie das Fünfer-Stäbchen.*

Variante

Das Kind legt aus den Mengenstäbchen eine Zahlentreppe.

Mathematische Vorläuferfertigkeiten

- Eins-zu-eins-Zuordnung
- Zahlbegriffskenntnis
- Simultanerfassung strukturierter Mengen
- Seriation und Zuordnung

- arithmetische Vorkenntnisse arabischer Ziffern
- Einfache Operationen

Schüttelschachteln

Schüttelschachteln sind Plastikschachteln, die in der Mitte durch einen Steg geteilt sind. Sie sind ein sehr geeignetes Material, um Kindern die Zerlegung von Zahlen zu verdeutlichen und kleine Rechenoperationen anzustellen. Da sich durchsichtige Schüttelschachteln nur schlecht selbst herstellen lassen und nicht teuer in der Anschaffung sind, empfehlen wir den Bezug über den Handel.

Alter: 5–7 Jahre
Material: 1 Schüttelschachtel (www.lernwerk-statt-shop.de, ca. 2,– €, → S. 138), Filzmarker, 10 Perlen, 1 Satz Zahlenkarten (→ S. 21); evtl. Kreppband

Vorbereitung
Zum Einüben der Arbeitsrichtung können die Symbole „Sonne" und „Mond" (→ S. 43) mit dem Filzmarker in den Ecken der Schüttelschachtel ergänzt werden.

Spielablauf
Das Kind nimmt eine beliebige Anzahl Perlen, legt sie in eine Seite der Schüttelschachtel und schüttelt die geschlossene Schachtel hin und her. Schaut es erneut in die Schachtel, sieht es, dass sich die Perlen auf beide Fächer verteilt haben. Es sieht z. B. die Zerlegung der Menge Sechs in zwei und vier Perlen. Zur visuellen Verdeutlichung legt es links neben die zwei Perlen die Zahlenkarte der Zwei und rechts daneben die Zahlenkarte der Vier.
Hinweis: Die Zahlenkarten dürfen *nicht unterhalb* der Schachtel abgelegt werden, da sonst aus zwei und vier „24" wird!

Variante
Eine Hälfte der Schachtel wird mit Kreppband zugeklebt. Das Kind sagt nach dem Schütteln, wie viele Perlen sich in der zugeklebten Hälfte verstecken.

Mathematische Vorläuferfertigkeiten
- Simultanerfassung strukturierter (zerlegter) Mengen
- Form- und Mengenkonstanz

Zahleninseln

Alter: 4–6 Jahre
Material: 20 Teppichfliesen, 1 blauer und 1 roter extra dicker Filzmarker

Herstellung
Jede Teppichfliese wird mit einer Zahl von eins bis zwanzig beschriftet. Die Zahlen Fünf, Zehn, Fünfzehn und Zwanzig werden in Rot geschrieben, die übrigen in Blau.

Spielablauf
Mit den Fliesen kann der Zahlenraum von eins bis zehn eingeführt werden und dann darauf aufbauend der Zahlenraum von elf bis zwanzig. Sehr wichtig ist hierbei das handlungsbegleitende Sprechen. Dafür werden die Fliesen in einer Reihe hintereinander auf dem Boden ausgelegt. Das Kind geht laut zählend von einer Fliese zur nächsten und erarbeitet sich so den Zahlenraum im wahrsten Sinne des Wortes „Schritt für Schritt".
Am Ende bleibt es stehen und geht den Weg zurück, also von zehn (oder zwanzig) bis eins. So ist es in der Lage, von jeder beliebigen Zahl zu starten, es kann verschiedene Zahlenwege gehen und verinnerlicht dadurch die Zahlenreihe.

Varianten
- Das Kind klatscht beim Gehen.
- Das Kind klatscht zu der Zahl, auf der es steht, entsprechend oft in die Hände.
- Das Kind steht neben der Zahl und springt entsprechend oft in die Luft.
- Einige Teppichfliesen werden umgedreht und das Kind nennt die fehlenden Zahlen.
- In einer Kleingruppe stellen sich die Kinder einfache Rechenaufgaben und erlaufen das Ergebnis: *„Zwei* (das Kind stellt sich auf die Zwei) *plus vier* (das Kind geht zählend vier Fliesen weiter) *ist wie viel?"* Das Kind schaut nach, auf welcher Fliese es steht und nennt die Zahl.

Mathematische Vorläuferfertigkeiten
- Eins-zu-eins-Zuordnung
- Seriation und Zuordnung
- arithmetische Vorkenntnisse arabischer Ziffern
- Einfache Operationen

Sortierdosen

Alter: 4–6 Jahre
Material: verschiedene Dosen mit unterschiedlichen Alltags- und Naturmaterialien (z. B. Perlen, Glassteine, Knöpfe, Nägel, Büroklammern, Wäscheklammern, Nüsse, Steine usw.)

Die Spielleitung stellt je nach Materialanzahl und Sortierungskriterium mind. zehn, besser mehr Dosen bereit. Sie schlägt dem Kind ein Sortierungskriterium vor, z. B.: Farbe, Größe, Form, Gewicht, Material oder Beschaffenheit. Das Kind sortiert die Gegenstände in die Dosen.

Varianten

- Das Kind denkt sich selbst (weitere) Sortierungskriterien aus.
- Es sucht aus einer Dose, die mit gleichem Material gefüllt ist, ein falsches Element heraus, z. B. aus einer Menge Glassteine eine Glaskugel.
- Es sortiert in jede Dose Paare, die zusammen verwendet werden, z. B. Bleistift und Radiergummi, Messer und Gabel, Eierbecher und Eierlöffel …

Mathematische Vorläuferfertigkeiten

- Klassifikation (Paarbildung, Wahrnehmungskonstanz, Gewichte)
- Figur-Grund-Wahrnehmung
- Begriffsbildung: Oberbegriffe bilden und gebrauchen

Geometrische Formen und Körper

Alter: 5–7 Jahre
Material: geometrische Körper aus Holz oder Kunststoff (Kugel, halbe Kugel, Zylinder, dreiseitiges Prisma, sechsseitiges Prisma, Quader, Kegel, Kubus, vierseitige Pyramide), Grundflächentäfelchen (3 Kreise, 1 gleichseitiges Dreieck, 1 spitzwinkeliges Dreieck, 2 Quadrate, 2 Rechtecke, 1 Sechseck) (Bezugsquelle: Nienhuis Montessori-Material, ➜ S. 138)

Das Kind ertastet die Merkmale und Unterschiede der verschiedenen geometrischen Körper. Welcher Körper kann rollen, welcher Körper kann kippen, welcher ist rund, welcher hat Ecken, welcher Kanten?
Wenn das Kind mit den Formen vertraut ist, werden die Grundflächentäfelchen dem entsprechenden Körper zugeordnet. So gelangt das Kind auf eine abstraktere Ebene der Formenerfassung von Körpern:

halbe Kugel	➜	Kreis
Zylinder	➜	Kreis
dreiseitiges Prisma	➜	gleichseitiges Dreieck und Rechteck
sechsseitiges Prisma	➜	Sechseck
Quader	➜	Rechteck
Kegel	➜	Kreis
Kubus	➜	Quadrat
vierseitige Pyramide	➜	Quadrat und spitzwinkliges Dreieck

Allein die Kugel hat keine Grundfläche.

Mathematische Vorläuferfertigkeiten

- Klassifikation
- Formkonstanz
- Figur-Grund-Wahrnehmung

Messkorb

Alter: 6–8 Jahre
Material: Alltagsmaterialien zum Abmessen (z. B. Zahnstocher, Holzlatte, Stoffstück, Stift usw.), 1 großer Korb mit verschiedenen Messgeräten (Zollstock, Lineal, Zentimetermaß, Bandmaß), Schreibsachen

Vorbereitung

Die Spielleitung stellt die Alltagsmaterialien zusammen, die die Kinder abmessen sollen. Der Fantasie sind hierbei keine Grenzen gesetzt! Wichtig ist nur, dass die unterschiedlichen Messgeräte zum Einsatz kommen können. Die Spielleitung misst jeden Gegenstand einmal aus und notiert die Zentimeterangabe jeweils sehr deutlich auf einem Zettel.

Spielablauf

Das Kind misst die Gegenstände mit den unterschiedlichen Messgeräten und ordnet die passenden Zettel zu.
Hat es alle vorgegebenen Alltagsgegenstände vermessen, sucht es sich eigenständig weitere Gegenstände, misst sie und notiert die Zahlen auf einem Zettel.

Mathematische Vorläuferfertigkeiten

- Klassifikation
- Handlungsplanung (Handhabung und Auswahl der Messgeräte)

Messbechertablett

Alter: 5–8 Jahre
Material: 1 Tablett mit 7 transparenten Messbechern (1 × 1 Liter, 2 × ½ Liter, 4 × ¼ Liter), Schwammtuch

Das Kind füllt den 1-Liter-Messbecher mit Wasser und achtet darauf, dass der Becher auch wirklich genau bis zur 1-Liter-Markierung gefüllt ist. Es verteilt das Wasser in die anderen Messbecher. Dabei probiert es aus, welche unterschiedlichen Mengen einen Liter ergeben:
2 × ½ Liter, 4 × ¼ Liter, 1 × ½ Liter + 2 × ¼ Liter.
Hinweis: Damit erarbeitet sich das Kind bereits grundlegende Begriffe für das spätere Bruchrechnen.

Mathematische Vorläuferfertigkeiten
- Klassifikation
- Form- und Mengenkonstanz

Waage

Alter: 5–6 Jahre
Material: Wippe, 1 Holz-Kleiderbügel, 2 gleich lange Schnüre, 2 gleiche Spankörbchen mit Henkel, Haken, Hammer

Die Kinder probieren draußen auf dem Spielplatz mit der Wippe den Vorgang des Wiegens aus: Zuerst setzt sich ein Kind auf die eine Seite der Wippe. Die Kinder beobachten, wie sich diese durch das Gewicht nach unten bewegt. Ein zweites Kind setzt sich auf die andere Seite der Wippe. Die Kinder beschreiben, was passiert: Die Seite, die vorher hoch in der Luft war, bewegt sich ein Stück nach unten, gleichzeitig bewegt sich die Seite, die vorher ganz unten war, ein Stück nach oben. Die Kinder überlegen Fragestellungen: *„Wer ist schwerer?“ „Wer ist leichter?“ „Sind beide Kinder gleich schwer?“*

Die Kinder bauen aus dem Kleiderbügel, den Körbchen und Schnüren eine Waage für die Mathe-Werkstatt: Sie befestigen mithilfe der Spielleitung an jedem Körbchenhenkel eine Schnur und die beiden anderen Schnur-Enden in genau gleicher Länge auf je einer Seite des Kleiderbügels. Sie hängen die Waage am Kleiderbügel frei schwebend an einem Haken auf und überprüfen: Sind beide Schnüre genau gleich lang und die Körbchen in der Waage?
Die Kinder befüllen die Körbchen mit unterschiedlichen Materialien und vergleichen, was leichter, was gleich schwer und was schwerer ist. Die Spielleitung achtet darauf, dass sie ihre Ergebnisse immer in ganzen Sätzen festhalten:
„Der Ball ist ***schwerer als*** *das Spielzeugauto.“*
„Die zehn großen Federn sind ***leichter als*** *der kleine Stein.“*
Hinweis: Mit diesen Vorübungen ist die Waage eingeführt und kann in die Mathe-Werkstatt integriert werden, wo die Kinder selbstständig damit arbeiten.

Mathematische Vorläuferfertigkeiten
- Klassifikation
- Begriffsbildung: Vergleiche wie „schwerer als“, „leichter als“, „gleich schwer“

Die 10 als Letzte dazu lacht

Zauberspruch für die Zehn

Material: Zauberzylinder-Material (→ S. 26), 1 leerer Zehner-Eierkarton

Vorbereitung
Die Spielleitung stellt alle Zauber-Materialien bereit und legt den Eierkarton in den Zylinder.

Spielablauf
Die Spielleitung stellt den Kindern das Rätsel: *„Sie ist aus Pappe und hat zehn Kammern, in denen der Nestinhalt von Hühnern aufbewahrt wird."* (Eierkarton) Gemeinsam mit den Kindern zaubert sie mit dem folgenden Zauberspruch den Eierkarton aus dem Zylinder:

Hokus, Pokus, eins, zwei, drei,
wir zaubern heut einen Eierkarton herbei!

Die Kinder zählen die leeren Felder in dem Eierkarton und lauschen der „Geschichte von Henriettas Kummer".

Die Geschichte von Henriettas Kummer

Es war einmal eine besonders fleißige Henne mit Namen Henrietta. Sie hatte in ihr Nest zehn wunderschöne, wohlgeformte Eier gelegt und wollte sie allesamt ausbrüten. Sie versuchte die zehn Eier mit ihrem Federkleid zu bedecken, doch es wollte ihr nicht so recht gelingen. Egal wie sie die Eier zurechtrückte, ob nun spiralförmig, in Schneckenform, von innen nach außen hingelegt oder hübsch ordentlich eins neben dem anderen angeordnet – unter dem Federkleid lugte immer eines hervor und wollte nicht so recht warm werden.

„Da hab ich mich wohl etwas übernommen", dachte Henrietta und beklagte sich darüber bei ihrem Mann Henry. Der Hahn überlegte und scharrte dabei nachdenklich zwei lange Würmer aus der Erde, die er sich mit Henrietta teilte. Dann hatte er eine zündende Idee: „Leg sie doch einfach zu zwei Reihen in dein Nest, das macht der Bauer auch, wenn er die Eier zum Verkauf in den Eierkarton packt!" Henrietta befolgte seinen Ratschlag. Sie zählte fünf Eier in die erste Reihe und darunter fünf Eier in die zweite Reihe ab. Das war wirklich sehr praktisch, jetzt waren alle Eier unter einem Hut, nein, besser: unter Henrietta! „Ich kann sie so auch viel besser fühlen und mich vergewissern, dass es noch zehn sind", gackerte Henrietta zufrieden.

Nach tagelangem Brüten war es endlich soweit: Nacheinander sprangen zuerst fünf und dann noch mal fünf Eierschalen auf, und heraus schoben sich zehn flaumige Küken. Bald jedoch liefen alle zehn laut fiepend durcheinander. Henrietta konnte sie gar nicht mehr im Auge behalten, so quirlig waren die kleinen wuscheligen Federbündel. „So geht das nicht", beklagt sie sich wieder bei ihrem Mann Henry. „Lass dir schnell was einfallen, sonst gehen uns noch alle verloren! Henry dachte wieder nach und kratzte sich dabei an seinem roten Hahnenkamm. „Ordnung ist die halbe Miete", sprach er zu sich und brachte die Kleinen dazu, sich in zwei Fünferreihen nebeneinander aufzustellen. Jetzt war es spielend leicht für Henrietta, den Überblick über ihre Küken zu behalten. „Zwei mal fünf, das sind zehn", zählte sie nun ganz schnell. „Das Eierkarton-System hat Methode!", dachte Henry zufrieden. Er konnte seine Kleinen nun selbst mit einem Blick im Auge behalten, wenn er gerade nicht der Hahn im Korb war, sondern Vertretung für Henrietta machen musste. Wenn mal eines der Küken aus der Reihe tanzen wollte, brachte er es einfach mit einem sanften Schnabelschups wieder in die Reihe zurück. Und so wurden aus den Küken zehn prächtige Hennen, die auch heute noch in zwei Fünferreihen über den Hof laufen.

Varianten

Zur Einführung der Zahl Zehn eignen sich zudem folgende Materialien und Spiele aus dem Grundlagenkapitel:

- Zahlen-Zauberschachtel mit Grundlagenmaterial (→ S. 17)
- Zahlen-Bilderbuch (→ S. 27)
- Kinder-Zählsteineschachtel (→ S. 24)
- Stationenspiel (→ S. 31).

Zehn Küken im Karton

Alter: 4–6 Jahre
Material: 4 Tonkartonbögen DIN A4, Zirkel, spitze Bastelschere, blaue und gelbe Wolle, 1 dicke Stopfnadel, 10 Kulleraugen, Alleskleber, blaue und rote Filzreste, 1 Zehner-Eierkarton, blaue und rote Plakafarben, Pinsel

Vorbereitung
Auf die Tonkartonbögen zeichnet die Spielleitung mit dem Zirkel zwanzig Kreise mit einem Durchmesser von 7 cm (r 3,5 cm). Im Innern der Kreise wird nochmals ein weiterer Kreis mit 2 cm Durchmesser (r 1 cm) aufgezeichnet. Alle Kreise werden ausgeschnitten, sodass zwanzig Ringe mit einem Loch in der Mitte entstehen, sog. „Wickelscheiben".

Spielablauf
Die Kinder stellen gemeinsam fünf blaue und fünf rote Küken her. Jeweils zwei vorbereitete Wickelscheiben werden parallel übereinander gelegt. Die Kinder führen einen langen blauen oder roten Wollfaden einmal durch das Loch in der Scheibe und verknoten das Ende. Das andere Faden-Ende fädeln sie durch die Öse der Stopfnadel und ziehen den Faden immer wieder durch das Loch in der Scheibe. Ist ein Faden aufgebraucht, kann das Kind mit einem anderen Kind die Fädelarbeit wechseln. Es zieht einen weiteren Faden durch das Loch in der Scheibe

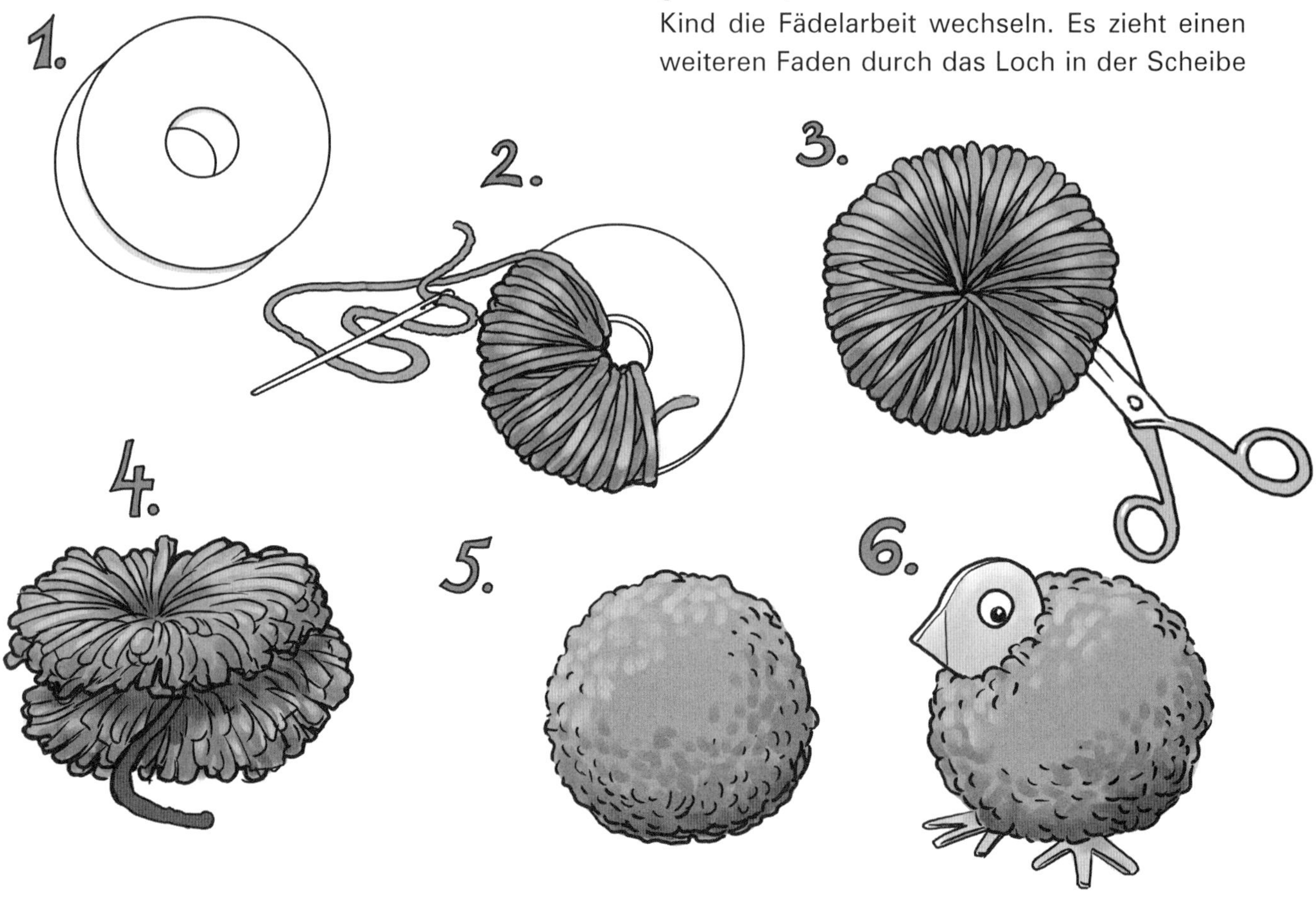

usw., bis das Loch geschlossen ist und kein Faden mehr durch passt.
Mithilfe der Spielleitung schneiden die Kinder die Fäden am Rand rund um die Wickelscheiben herum auseinander (s. Abb.), sodass eine Art Quaste entsteht. Ein weiterer Faden wird zwischen die beiden Scheiben geschoben und um die Mitte der Fäden herum gebunden, damit sie in der Mitte zusammengehalten werden. Die beiden Pappscheiben werden vorsichtig zerschnitten und von der Quaste gezogen.
Die Kinder zupfen und formen die Fäden zu einer Kugel und schneiden sie ggf. kugelförmig zu. Aus Filz wird ein kleiner Kopf mit Schnabel ausgeschnitten und zwischen die Wollfäden geklebt. Die Kulleraugen werden auf den Kopf aufgeklebt und zusätzlich Filz-Füßchen ausgeschnitten und angeklebt (s. Abb.).
Die Kinder bemalen die obere Reihe im Eierkarton mit blauer Farbe und die untere Reihe mit roter Farbe. Der Deckel des Eierkartons wird nach Belieben blau und rot verziert.
Nach dem Trocknen setzen die Kinder die Küken in den Karton und stellen ihn dekorativ in ein Regal oder in die Mathe-Werkstatt (→ S. 119ff.).

Ei, Ei, Ei, Eierkartonspiele

Alter: 4 7 Jahre
Anzahl: 6 SpielerInnen
Material: 6 leere Zehner-Eierkartons, 2 identische Farbwürfel, 6 Plakafarben (entsprechend den Farben auf dem Farbenwürfel), Pinsel, 60 Glassteine o. Ä.; evtl. 60 Plastik-Eier – je 10 in den sechs Würfelfarben (zur Osterzeit im Handel günstig erhältlich), 1 großer Korb o. Ä., 6–8 leere Zehner-Eierkartons, Eierkarton-Mengenbilder (→ S. 93f.)

Vorbereitung
Die Deckel der leeren Eierkartons werden mit je einer der sechs Plakafarben bemalt und zum Trocknen aufgestellt.

Spielablauf
Die sechs SpielerInnen erhalten jeder einen leeren Eierkarton und würfeln reihum pro Wurf zunächst mit zwei Farbenwürfeln gleichzeitig. Ist die Farbe des eigenen Eierkartons dabei, nimmt sich der Spieler einen oder sogar zwei Spielsteine und legt jeden Stein in ein Eierfach in der oberen Reihe. Wer die obere Reihe bereits mit fünf Steinen besetzt hat, darf ab jetzt nur noch mit *einem* Würfel würfeln, wenn er an der Reihe ist. Die Kinder überprüfen ihre Kartons und zählen nach: Wer hat schon fünf Steine und die obere Reihe gefüllt?
Wer hat am Ende seinen Eierkarton als Erster komplett mit zehn Steinen gefüllt?

Varianten

- Das Spiel wird statt mit den Glassteinen mit bunten Plastik-Eiern gespielt, die in einem großen Korb bereitgestellt werden. Jedes Kind muss alle zehn Eier seiner Farbe sammeln.
- Die Kinder spielen mit sechs unbemalten Eierkartons und den bunten Plastik-Eiern. Sie würfeln von Anfang an nur mit *einem* Farbwürfel. Sie vereinbaren eine Farbe, bei der sie aussetzen müssen und kein Ei erhalten. Die Eier in der entsprechenden Farbe nehmen sie aus dem Korb heraus. Die Kinder würfeln reihum und müssen sich von jeder Farbe zwei Eier erwürfeln, die sie in ihrem Eierkarton im Zweier-Pack untereinander anordnen. Würfeln sie eine Farbe, von der sie schon zwei Eier haben, ist der nächste Spieler an der Reihe. Wer hat seinen Karton als Erster voll?
- Die Eierkarton-Mengenbilder liegen verdeckt auf einem Stapel und die leeren, unbemalten acht Eierkartons stehen bereit. Die Kinder ziehen ein Mengenbild heraus und füllen einen Eierkarton entsprechend dem farbigen Mengenbild mit den farblich passenden Eiern aus dem Korb. Das Mengenbild legen sie auf den

entsprechenden Schachteldeckel. Sind für ein Mengenbild nicht mehr genügend farbige Eier vorhanden, deckt die Spielleitung alle noch übrigen Mengenbilder nacheinander auf. Die Kinder betrachten die Mengenbilder und überlegen, ob für ein anderes Mengenbild noch genügend Eier im Korb sind oder keine Schachtelfüllung mehr möglich ist.

Zehn-Finger-Kunstwerk

Alter: 4–6 Jahre
Material: Tapetenrolle, Klebeband, Fingerfarben, Pinsel

Eine lange Tapetenbahn wird ausgerollt und mit Klebeband auf dem Boden befestigt.
Die Kinder bemalen ihre Hände mit einem Pinsel mit den Fingerfarben und setzen ihre Hand-Abdrucke nebeneinander auf die Rolle. Mit einem Finger zeichnen sie so groß wie möglich eine Eins und eine Null für die Ziffer Zehn darunter. Nach dem Trocknen ist das Kunstwerk fertig zum Aufhängen!
Die Kinder zählen nach: Wie viele Hände können sie auf dem Zehn-Finger-Kunstwerk entdecken? Sind es doppelt so viele wie Kinder in der Gruppe sind? Um die Anzahl der Kinder in der Gruppe besser vergleichen zu können, stellen sie sich jeweils in zwei Fünferreihen wie im Eierkarton zusammen auf. Wie viele „komplette Eierkartons" entstehen, nur einer oder zwei? Und wie viele Kinder bleiben übrig für den letzten „Eierkarton", der nicht mehr ganz gefüllt ist?

Zehn Würfe

Alter: 5–8 Jahre
Material: 2 Zehn-Liter-Eimer, 10 Tennisbälle, 1 Seil

Vorbereitung
Ein Eimer wird zu ¾ mit Wasser gefüllt, der andere Eimer mit den zehn Tennisbällen.

Spielablauf
Der Wassereimer wird im Freien aufgestellt. Ein Kind geht zählend vom Eimer aus zehn Schritte zurück und stellt den Balleimer neben sich. Das Seil wird direkt vor ihm auf den Boden gelegt und gilt als Abwurflinie für alle Kinder. Jedes Kind hat zehn Würfe frei, mit denen es so viele Bälle wie möglich in den Wassereimer befördert. Springt ein Ball wieder heraus, darf der Wurf wiederholt werden. Alle anderen Kinder zählen die Würfe laut mit! Wer landet die meisten Treffer? Und wer hat am Ende mehr Wasser aus seinem Eimer verdrängt?

Anhang

Register

Spiele

Beobachtungsspiele

Grundlagen-Materialien

Geschichten

Literatur

Ayres, A. Jean: Bausteine der kindlichen Entwicklung. Berlin (Springer) 1998.

Liebertz, Charmaine: Das Schatzbuch ganzheitlichen Lernens. Grundlagen, Methoden und Spiele für eine zukunftsweisende Erziehung. München (Don Bosco) 2003.

Merkel, Johannes: Gebildete Kindheit. Wie die Selbstbildung von Kindern gefördert wird. Bremen (edition lumiere) 2005.

Montessori-Material, Teil 1: Handbuch für Lehrgangsteilnehmer. Zelhem (Nienhuis Montessori International bv) 1992.

Pichler, Heidrun / Marlene Pichler: Montessoripraxis für alle. Pullach (Sensor Verlag) 2004.

Schilling, Sabine / Theres Prochinig: Praxisbuch Dyskalkulie. Schubi Lernmedien AG 10/2002.

Staatsinstitut für Schulpädagogik und Bildungsforschung München: Erstrechnen. Handreichungen für Diagnose- und Förderklassen. Teil 1: Grundlegende mathematische Fähigkeiten. Würzburg 1988.

Steibel, Rita: Die Sinneserziehung nach Maria Montessori. Hrsg. von Erhard Hischer. (Diritto) 1996.

Suhr, Antje: Zahlen hüpfen – Buchstaben springen. Bewegungsspiele zur ganzheitlichen Schulvorbereitung. München (Don Bosco) 2006.

van Luit, J. E. H. / B. A. M. van de Rijit / K. Hasemann: Osnabrücker Test zur Zahlbegriffentwicklung (OTZ). Göttingen (Hogrefe) 2001.

CD-ROM-Materialien zur Förderung mathematischer Grundlagen für die mobile sonderpädagogische Hilfe (msH). Regierung von Mittelfranken. Ansbach 2004/2005. Download unter: www.sfz-e.de

Bezugsquellen

Hier finden Sie die Bezugsquellen der im Buch angegebenen Materialien:

- Montessori-Materialien allgemein:
  Katalog: Nienhuis Montessori International bv / Zelhem – Niederlande **www. nienhuis.com**
  Kindergarten B + B Direktversand: **www.bb-versand.de**
- Laminierfolien, Schüttelschachteln (→ S. 125) und Jahresperlenkette (→ S. 61): **www.lernwerkstatt-shop.de**
- Kunststoff-Schachteln (→ S. 17): **www.bauer-lehrmittel.de**

Die Autorinnen

Petra Dreyer ist Erzieherin mit Montessori-Diplom und Entspannungspädagogin. Sie richtet seit vielen Jahren in ihrer Vorschularbeit im Kindergarten den mathematischen Schwerpunkt nach den Gesichtspunkten der Montessori-Erziehung aus und hebt damit ihren eigenen ganzheitlichen mathematischen Bildungsansatz hervor.

Ruth Schillert ist Heilpädagogin und arbeitet als heilpädagogische Förderlehrerin an einem sonderpädagogischen Förderzentrum in Erlangen. Durch die intensive Arbeit mit Vorschul- und Schulkindern wurde sie auf die besondere Bedeutung einer frühen mathematischen Bildung und Erziehung aufmerksam und entwickelte eigene Spiele, Lern- und Fördermaterialien. Zusammen mit einer Ergotherapeutin gründeten die Autorinnen die Arbeitsgemeinschaft „Lernen-mit-Herz" mit dem Schwerpunkt, ergotherapeutische Therapieansätze mit heilpädagogischen und erzieherischen Arbeitsweisen zu verknüpfen. Aus dieser Zusammenarbeit sind Konzentrationskurse für Kinder im Vorschul- und Schulalter und Fortbildungen für PädagogInnen und TherapeutInnen entstanden.

Fortbildungen mit den Autorinnen zu den Inhalten dieses Buches sind unter **ruth.schillert@nefkom.net** – Stichwort: Mathe – anzufragen. Infos auch unter: **www.lernen-mit-herz.de**

Der Illustrator

Mile Penava, geb. 1963 in Kroatien, lebt sei 1992 in Deutschland. Er studierte Anglistik und Germanistik in Sarajevo. Schon als Jugendlicher zeichnete er Comics und Karikaturen. Gegenwärtig zeichnet er Karikaturen und Illustrationen für verschiedene Verlage.

Kinder spielen Geschichte

Floerke + Schön

Markt, Musik und Mummenschanz

Stadtleben im Mittelalter

Das Mitmach-Buch zum Tanzen, Singen, Spielen, Schmökern, Basteln & Kochen

ISBN (Buch): 978-3-931902-43-8
ISBN (CD): 978-3-931902-44-5

H.E.Höfele, S. Steffe

Der wilde Wilde Westen

Kinder spielen Abenteurer und Pioniere

ISBN (Buch): 978-3-931902-35-3
ISBN (CD): 978-3-931902-36-0

Jörg Sommer

OXMOX OX MOLLOX

Kinder spielen Indianer

ISBN: 978-3-925169-43-4

Bernhard Schön

Wild und verwegen übers Meer

Kinder spielen Seefahrer und Piraten

ISBN (Buch): 978-3-931902-05-6
ISBN (CD): 978-3-931902-08-7

Im KIGA, Hort, Grundschule, Orientierungsstufe, offene Kindergruppen, bei Festen und Spielnachmittagen

Auf den Spuren fremder Kulturen

Die erfolgreiche Reihe aus dem Ökotopia Verlag

H.E. Höfele - S. Steffe

Kindertänze aus aller Welt

Lebendige Tänze, Kreis-, Bewegungs- und Singspiele rund um den Globus

ISBN (Buch): 978-3-936286-40-3
ISBN (CD): 978-3-936286-41-0

P. Budde, J. Kronfli

Regenwald & Dschungelwelt

In Spielen, Liedern, Bastelaktionen, Geschichten, Infos und Tänzen die faszinierende Welt der Regenwälder erleben

ISBN (Buch): 978-3-936286-96-0
ISBN (CD): 978-3-936286-97-7

Monika Rosenbaum

Pickadill & Poppadom

Kinder erleben Kultur und Sprache Großbritanniens in Spielen, Bastelaktionen, Liedern, Reimen und Geschichten

ISBN (Buch): 978-3-936286-11-3
ISBN (CD): 978-3-936286-12-0

WELTMUSIK FÜR KINDER

Kinderweltmusik im Internet

www.weltmusik-fuer-kinder.de

Comenius Siegel 2005

H.E. Höfele, S. Steffe

In 80 Tönen um die Welt

Eine musikalisch-multikulturelle Erlebnisreise für Kinder mit Liedern, Tänzen, Spielen, Basteleien und Geschichten

ISBN (Buch): 978-3-931902-61-2
ISBN (CD): 978-3-931902-62-9

Pit Budde, Josephine Kronfli

Wer sagt denn hier noch Eskimo?

Eine Reise durch das Land der Inuit mit Spielen, Liedern, Tänzen und Geschichten

ISBN (Buch): 978-3-936286-73-1
ISBN (CD): 978-3-936286-74-8

D. Both, B. Bingel

Was glaubst du denn?

Eine spielerische Erlebnisreise für Kinder durch die Welt der Religionen

ISBN: 978-3-931902-57-5

Hartmut E. Höfele

Europa in 80 Tönen

Eine multikulturelle Europareise mit Liedern, Tänzen, Spiele und Bräuchen

ISBN (Buch): 978-3-931902-87-2
ISBN (CD): 978-3-931902-88-9

Pit Budde, Josephine Kronfli

Hano Hanoqitho

Frühling und Osterzeit hier und anderswo

Ein internationaler Ideenschatz mit Spielen, Liedern, Tänzen, Geschichten, Bastelaktionen und Rezepten

ISBN (Buch): 978-3-936286-56-4
ISBN (CD): 3-936286-57-1

Miriam Schultze

Sag mir, wo der Pfeffer wächst

Spielend fremde Völker entdecken

Eine ethnologische Erlebnisreise für Kinder

ISBN: 978-3-931902-15-5